TRAQUE SUR LE WEB

Direction de la publication : Carine Girac-Marinier
Édition : Antoine Caron
Direction artistique : Uli Meindl
Conception artistique : Sophie Rivoire
Mise en pages : Nord Compo
Illustrations scènes : Guillaume Boutanox
Fabrication : Marlène Delbeken

L'auteur remercie Kevyn Tenot pour la vidéo.

Autres illustrations : p. 78 : d'après Yitscar, Michka B ; p. 77, 92, 120, 121 : d'après b farias ; p. 104 : Deedster/Pixabay.

ISBN : 978-2-03-596223-2

POCHE ESCAPE GAME

TRAQUE SUR LE WEB

Nicolas Trenti

LAROUSSE

PRINCIPE ET RÈGLES DU JEU

Les ESCAPE GAMES de poche

Les scénarios des ESCAPE GAMES de poche vous permettent de vivre des aventures littéraires à la croisée des *Escape Games* classiques, des jeux vidéo d'aventures type *Point'n'Click* et des Livres dont vous êtes le héros ®.

Enfermé dans une salle, vous devez explorer votre environnement et utiliser les objets à votre disposition pour vous échapper en un temps limité. Observation, réflexion et imagination vous guideront vers la sortie.

Note aux hackers

Cette aventure se déroulant dans le monde d'Internet et des nouvelles technologies, vous serez également amené à explorer des sites Web, collecter des indices sur les réseaux sociaux, visionner des vidéos…

Tout au long de la partie, une connexion Internet ainsi qu'un ordinateur ou un Smartphone seront donc nécessaires pour résoudre les énigmes en interaction avec le livre et avancer dans l'intrigue.

À plusieurs reprises, des Flashcodes ou des adresses Internet dédiés vous permettront de visualiser les sites et interfaces digitales découverts par le héros : votre aventure se prolongera alors dans le monde numérique.

Le livre se décompose en plusieurs sections :

L'introduction

Ce texte précise le contexte de votre aventure. À la fin de la lecture de cette introduction, lancez le chronomètre. Désormais, votre temps est compté !

Toutefois, si vous ne parvenez pas à sortir dans le temps imparti, rien ne vous empêche de continuer vos recherches au-delà des 60 minutes requises.

Les salles

Chaque salle (S1, S2...) dans laquelle vous pénétrez au cours de votre aventure vous est décrite en quelques paragraphes. Soyez attentif à ces descriptions et prenez des notes sur une feuille, en inventoriant notamment les objets que vous découvrez.

Un modèle de **feuille de route** vous sera proposé à l'issue de la lecture de la salle S1. Il comprend quelques exemples pour guider vos premiers pas et bien adopter la mécanique du jeu.

Chaque objet est répertorié par deux initiales (par exemple : PO pour **porte**). Ces lettres sont utiles pour effectuer des actions sur ces objets (voir paragraphe suivant : **Décodeur**).

Attention : chaque aventure se déroulant dans plusieurs salles, ne lisez le descriptif d'une salle que si vous y avez été expressément invité.

Gardez bien en tête également qu'un objet trouvé dans une salle pourra, sauf indication contraire, être utilisé dans une des pièces suivantes.

Le « Décodeur »

Pour effectuer une action sur un objet, il suffit d'associer le code d'une **action (2 lettres)** et les initiales de l'**objet (2 lettres)** pour former un **mot-code de 4 lettres**.

Les actions possibles sont les suivantes :

- EX pour **examiner**, regarder attentivement : cette action permet d'accéder à une description approfondie, minutieuse et très instructive de l'objet en question. Il s'agit d'une action souvent indispensable pour découvrir de précieux indices ;
- OU pour **ouvrir**, allumer ;
- DE pour **déplacer**, secouer, renverser, pousser ;
- IN pour obtenir un **indice** sur la façon d'utiliser un objet, notamment si vous êtes bloqué dans votre aventure. Si le premier indice ne vous aide pas, un second indice plus précis pourra vous être proposé. **Notez sur votre feuille de route le nombre d'indices consultés**.

Grâce au Décodeur, chaque mot-code de 4 lettres que vous formez vous renvoie à une combinaison de 4 chiffres : ce numéro correspond au **paragraphe** qui va vous décrire le

résultat de votre action. Ces paragraphes sont disponibles dans la partie **Révélations**. Il y a donc une multitude de combinaisons et de paragraphes différents qui vont vous conduire vers des histoires alternatives, vous donner des indices pour accéder à la sortie ou... à des culs-de-sac !

Attention : pour former un mot-code, il faut toujours respecter l'ordre suivant : **code de l'action puis initiales de l'objet**.

Par exemple : pour ouvrir (**action** OU) le **tiroir** TI, il faut se reporter à la combinaison inscrite en regard du code OUTI dans le Décodeur.

Il est également possible de combiner deux objets, de manière à les utiliser l'un avec l'autre. Pour cela, il suffit d'associer les initiales des objets. Par exemple, pour utiliser la **clé en argent** CA sur le **tiroir** TI, il suffit de se reporter à la combinaison inscrite en regard du code CATI.

Au cours de votre aventure, vous pourrez également être confronté à des **cadenas**, **digicodes**, **systèmes de verrouillage**… qui nécessitent systématiquement une combinaison à quatre chiffres. Dans ce cas, une fois que vous aurez résolu l'énigme et trouvé les chiffres en question, il vous suffira de vous reporter **directement** au paragraphe correspondant dans la partie **Révélations** (voir paragraphe suivant). Si vous ne trouvez pas de paragraphe pour la combinaison envisagée, c'est tout simplement que ce code n'est pas le bon. Continuez à chercher un peu, et n'oubliez pas de faire appel à un indice si vous êtes bloqué.

Les « Révélations »

Le chapitre Révélations vous permet de découvrir le **résultat** d'une action, d'une association d'objets ou de la saisie d'un code. Ces paragraphes numérotés en fonction des actions et des objets choisis vont vous permettre de trouver de nouveaux indices, d'ouvrir de nouvelles salles… ou pourront s'avérer totalement inutiles ! Laissez-vous guider par le paragraphe correspondant à la combinaison en question.

Certains paragraphes vous invitent à vous défausser des objets dont vous n'aurez plus l'utilité. Vous pouvez alors les barrer de votre feuille de route.

Certaines combinaisons peuvent également vous pénaliser : vous pourrez perdre des minutes précieuses, ou même perdre la partie ! Soyez prudent !

La conclusion

Cette partie du livre résume le dénouement de votre aventure, à ne lire que lorsque vous serez parvenu à sortir de la dernière salle et que vous y aurez été invité. Vous découvrirez alors votre score final, en fonction du temps écoulé et du nombre d'indices consommés.

Les solutions

En fin d'ouvrage, retrouvez l'intégralité des solutions et du raisonnement à suivre pour vous échapper. À ne lire qu'en cas d'extrême nécessité !

Jouez aussi avec votre Smartphone !

Afin d'optimiser votre temps de recherche ou pour vous permettre de jouer à plusieurs simultanément, vous pouvez également utiliser votre Smartphone.

Après avoir lu l'introduction et le descriptif de la première salle dans le livre, rendez-vous à l'adresse suivante :

https://escape-game.larousse.fr/poche/hacker.html

Vous pouvez aussi scanner le Flashcode ci-dessous :

Par l'intermédiaire de cette page, vous pourrez effectuer les mêmes actions qu'en parcourant le livre et découvrir immédiatement le texte des paragraphes correspondant à vos déductions.

Le principe de recherche reste d'ailleurs le même. Par l'intermédiaire d'un champ de saisie, vous pourrez entrer, au choix :

- **un mot-code de 4 lettres,** correspondant à l'association d'une action et d'un objet, ou à l'assemblage de deux objets entre eux (OUTI, PIMO, etc.) ;

• **une combinaison de 4 chiffres,** correspondant à un code à découvrir au cours de vos recherches.

Dans les deux cas, le paragraphe correspondant apparaît immédiatement à l'écran.

Un chronomètre, un historique cliquable des actions précédentes et un inventaire guident également vos recherches.

Quoi qu'il en soit, conservez toujours le livre à portée de main : il reste indispensable pour lire la description des nouvelles salles, des objets et la conclusion de votre aventure.

Le livre vous permettra également, en vous reportant aux paragraphes indiqués, de découvrir les visuels de certaines énigmes dans une meilleure résolution.

Vous vous sentez désormais fin prêt ? Parfait !
Commencez par lire l'introduction, et laissez-vous guider par les indications contenues dans le texte…
Bonne chance !

INTRODUCTION

Traque sur le Web

En cette journée d'août caniculaire, tous les agents disponibles du SAINT (Section d'Action et d'Investigation dans les Nouvelles Technologies, l'agence gouvernementale en charge de la lutte contre la cybercriminalité) sont sur les dents.

Il y a quelques heures à peine, le forum *Darkfoot* a été démantelé. Après plusieurs mois d'enquête avec votre équipe, vous êtes parvenus à faire tomber cette plateforme illégale du Web spécialisée dans la vente d'armes, les faux papiers et les données bancaires volées.

Le SAINT a localisé la salle où sont entreposés les serveurs qui hébergent le site, mais une menace bien plus grande encore se profile : au cours de votre infiltration sur le forum, vous avez repéré des messages semblant indiquer qu'un hacker activiste, un pirate du Web répondant au pseudo de Prométhée, prévoit de faire exploser une bombe à impulsion électromagnétique de très grande portée.

Vous connaissez bien ce type de dispositif, capable d'émettre des ondes d'une telle puissance que toutes les infrastructures électriques et électroniques des environs seraient instantanément neutralisées.

Plus d'électricité, plus le moindre réseau de télécommunications opérationnel, les services d'urgence de la région paralysés, les systèmes financiers et bancaires hors circuit : un retour à l'âge de pierre, en somme !

Et les derniers messages postés par Prométhée sur le forum *Darkfoot* laissent à penser qu'il pourrait agir dans l'heure qui vient...

Vous ne connaissez pas l'identité réelle du hacker, ni où il compte passer à l'action. Votre seule piste : les serveurs du forum, qu'il va vous falloir passer au crible à la recherche d'indices.

Avec votre équipe, vous vous rendez sans perdre de temps dans l'immeuble où sont hébergés les serveurs. Les locaux sont déserts : les administrateurs du forum ont déjà dû plier bagages.

Vous repérez rapidement la salle des ordinateurs, dont l'entrée est protégée par un lecteur de cartes magnétiques. Après quelques essais, votre équipe parvient à pirater le système et le sas s'ouvre : les serveurs de *Darkfoot* sont à votre portée !

En tant que chef de section, vous entrez en éclaireur. Aussitôt, la porte du sas se referme derrière vous. Vous cognez sur la paroi pour demander de l'aide à vos hommes, qui s'affairent à nouveau sur le lecteur de cartes.

Rien à faire, cette fois le système ne répond plus. Vous voilà pris au piège. Pas de temps à perdre : vous avez moins de 60 minutes pour trouver comment sortir d'ici, tout en recueillant le maximum d'informations sur Prométhée pour pouvoir contrer ses projets criminels.

Lancez le chronomètre, et rendez-vous en salle S1.

LA SALLE DES SERVEURS

SALLE S1 - LA SALLE DES SERVEURS

LE
MI

La salle des serveurs

Vos coups répétés sur les parois de la salle n'y feront rien : vous ne pourrez pas sortir d'ici par la force. Il va vous falloir faire preuve d'ingéniosité pour vous libérer rapidement.

Sur vous, à part votre précieux **téléphone portable**, vous n'avez qu'une pauvre **lampe de poche** LA, parfaitement inutile ici compte tenu de la lumière blafarde émise par les néons de la pièce.

À côté du sas, un **lecteur de badges magnétiques** LE contrôle la porte. Il est identique à celui que votre équipe a réussi à déverrouiller à l'extérieur de la pièce. C'est sans doute votre seul moyen de vous échapper d'ici.

Mais avant de sortir, vous, le membre d'élite du SAINT, vous n'oublierez pas de terminer votre mission : il vous faudra dénicher tous les indices possibles concernant Prométhée, et si possible localiser son domicile pour l'interpeller avant son passage à l'acte.

Devant vous, un alignement de serveurs informatiques brasse sans discontinuer des téraoctets de données, parmi lesquelles se trouvent forcément les informations que vous recherchez sur le hacker. Des diodes rouges, vertes et bleues scintillent à un rythme effréné, témoins de l'activité ininterrompue des sites hébergés dans cette salle. Au milieu de la baie de serveurs, un **terminal principal** MI permet de piloter les ordinateurs et d'accéder aux données qu'ils contiennent.

Avant de pianoter sur le clavier à la recherche d'indices, vous continuez à explorer votre environnement, à la recherche d'une issue.

Sur le mur qui fait face aux machines se dresse une solide **armoire métallique** AR à rideaux coulissants. Dans un coin de la pièce, un minuscule bureau blanc d'un mètre de large et une chaise doivent servir de poste de travail pour les techniciens en charge de la maintenance des serveurs.

Sur ce meuble, un **combiné TV-DVD** CO constitue une source de divertissement pour le personnel assigné dans la salle en attente d'un éventuel incident. Posée juste à côté du combiné, une **télécommande** TE doit permettre de piloter l'appareil.

Enfin, dans un coin du bureau, un épais **manuel** MA intitulé « Système d'exploitation DarkOS : Guide de l'utilisateur » regorge d'instructions à destination des informaticiens néophytes.

Tout bien réfléchi, peut-être que cette mission s'avérera plus simple qu'il n'y paraissait au départ : il ne vous reste plus qu'à interroger le terminal pour obtenir l'adresse de Prométhée, trouver un moyen de sortir d'ici, et aller gentiment cueillir le hacker chez lui avant qu'il n'active sa bombe...

Si tout se passe bien, dans quelques minutes à peine vous aurez sauvé la ville et vous ferez la une des journaux télévisés.

Si tout se passe bien... D'ici là, à vous de jouer !

Sur un carnet, vous avez soigneusement répertorié les objets rencontrés dans la salle, qui pourront vous aider dans vos investigations. Il vous faudra tenir cette liste à jour, pour être bien sûr de ne pas passer à côté d'un élément essentiel dans votre quête.

Vous notez également, pour être certain de les garder bien en tête, les principaux objectifs de votre mission.

OBJETS

LA – Lampe de poche

LE – Lecteur de badges magnétiques

MI – Terminal principal des serveurs

AR – Armoire métallique

CO – Combiné TV-DVD

TE – Télécommande

MA – Manuel DarkOS

NOTES

- Tenter de récolter le maximum d'informations sur Prométhée, notamment son adresse pour l'interpeller avant son passage à l'acte.
- Trouver un moyen de sortir de la salle des serveurs.

LA FEUILLE DE ROUTE

S'il s'agit de votre première aventure et que vous souhaitiez un peu d'aide pour débuter, n'hésitez pas à lire les pages suivantes qui vous guideront dans vos premiers pas.

Si vous êtes déjà familier avec la mécanique du jeu et que les règles n'aient pas de secret pour vous, vous pouvez vous dispenser de cette introduction et vous lancer par vous-même !

Vos premiers pas…

Pas de temps à perdre : vous entreprenez d'examiner plus attentivement les différents objets de la pièce.

Tout naturellement, c'est le **terminal principal de serveurs** MI qui attire le premier votre attention. Vous combinez donc l'action EX (pour **examiner**) avec le terminal MI et vous obtenez ainsi le mot-code EXMI, que vous recherchez dans le **Décodeur** (dans le livre, ou sur Internet dans sa version en ligne). Il vous renvoie à la combinaison **9630**.

Vous consultez donc le paragraphe **9630** dans la section **Révélations** pour découvrir le résultat de cette action :

→ 9630

Le terminal principal des serveurs ne répond pas ! Et pour cause : en y regardant de plus près, vous remarquez que des câbles ont été arrachés... Un sabotage perpétré par les administrateurs du forum avant qu'ils ne quittent les lieux, sans doute ? Quoi qu'il en soit, à moins de tout recâbler, ce terminal est inutilisable en l'état...

Il va vous falloir trouver des câbles pour refaire les branchements... Vous continuez donc l'exploration de la pièce.

Vous choisissez maintenant d'**examiner** (action EX) l'**armoire métallique** (objet AR). Le mot-code EXAR vous renvoie, via le Décodeur, au paragraphe **9840** de la section Révélations. Vous obtenez un peu plus d'informations sur cette armoire :

→ 9840

La grande armoire métallique qui vous fait face possède deux rideaux coulissants, verrouillés par un cadenas qui attend une combinaison à 4 chiffres. Alors que vous vous approchez, vous distinguez, coincés sous un des pieds de l'armoire, des petits bouts de papier...

Intéressant ! Peut-être qu'en déplaçant un peu l'armoire, vous parviendrez à accéder à ces fragments de feuilles ?

Vous décidez donc de combiner l'action **déplacer** (DE) avec l'objet **armoire** (AR), de façon à former le mot-code DEAR. Une nouvelle recherche dans le Décodeur vous renvoie vers le paragraphe **8439** des Révélations.

→ 8439

D'un solide coup d'épaule, vous faites bouger l'armoire de quelques centimètres, suffisamment pour déloger les morceaux de papier coincés sous le pied du meuble.

Ces deux petits papiers n'ont sans doute pas été placés l'un sur l'autre par hasard ! Les symboles tracés sur ces feuilles pourront-ils vous aider ?

Voilà qui est curieux ! L'un de ces petits logos évoque clairement la touche « Lecture » d'une télécommande. Et si ces morceaux de papier étaient justement des indices pour ouvrir le cadenas à code ?

Vous **examinez** (EX) donc la **télécommande** (TE). Le mot-code EXTE vous renvoie au paragraphe **9330** des Révélations :

→ 9330

Il s'agit d'une petite télécommande, avec un écran LCD intégré. En l'état, elle ne semble pas fonctionner : l'écran reste désespérément éteint et les touches ne répondent pas. Peut-être que les piles de la télécommande sont mortes ?

Des piles… Où allez-vous bien pouvoir dénicher des piles ? Mais bien sûr ! Dans votre **lampe de poche !**

Il vous suffit d'**ouvrir** (action OU) la **lampe de poche** (objet LA) en vous reportant au paragraphe **2880** indiqué par le Décodeur en face du mot-code OULA.

→ 2880

Vous dévissez le haut de la lampe torche et vous y trouvez **deux piles** PI.

Voilà un nouvel objet à ajouter à votre inventaire ! Sur votre feuille de route, vous pouvez donc noter les **piles** PI, que vous allez immédiatement utiliser.

Vous insérez les **piles** PI dans la **télécommande** TE. Vous obtenez le mot-code PITE et le Décodeur vous renvoie vers le paragraphe **3366**.

→ 3366

Vous retirez les piles usagées de la télécommande, et vous insérez les piles de la lampe torche à la place. Hourra ! L'écran à cristaux liquides et les touches rétroéclairées de la télécommande reviennent à la vie ! À chaque pression sur une des touches, le nom de la fonction correspondante s'affiche sur le petit écran : EJEC pour éjecter, LECT pour lecture, STOP pour stop, SOUS pour sous-titres... En revanche, vous avez beau vous acharner sur la télécommande, rien ne se passe, faute de DVD inséré dans le combiné. Malgré tout, les inscriptions sur l'écran à cristaux liquides vous semblent dignes d'intérêt :

https://escape-game.larousse.fr/poche/traque/lcd.html

À plusieurs reprises au cours de votre aventure, vous croiserez des Flashcodes comme celui-ci, vous permettant de consulter sur votre Smartphone ou sur un ordinateur des pages Internet reproduisant les sites ou interfaces numériques rencontrés.

En jouant avec la télécommande, vous parviendrez peut-être à trouver le code du cadenas de l'armoire ? Dès que vous aurez trouvé la bonne combinaison, il vous suffira de vous rendre au paragraphe en question dans la section Révélations.

Si vous êtes bloqué, n'oubliez pas que vous pouvez toujours demander des indices en combinant l'action IN avec le code de l'objet qui vous pose problème. Dans le cas présent, le mot-code INTE (utilisation d'un **indice** pour la télécommande TE) pourra le cas échéant vous débloquer.

Désormais, votre destin est entre vos mains : à vous de faire preuve d'observation et d'ingéniosité pour déjouer les plans macabres de Prométhée...

Attention ! Ne tournez pas la page avant d'avoir été invité à découvrir la salle S2 !

LE REPÈRE DE PROMÉTHÉE

Attention ! Ne lisez le chapitre suivant que si vous y avez été expressément invité !

VO
AI
DI
VI
SI
TI
FO

SALLE S2 - LE REPÈRE DE PROMÉTHÉE

Le repère de Prométhée

Le manoir de l'Aiguille, une vieille bâtisse aujourd'hui tombée en désuétude, se dresse devant vous.

Située dans un quartier isolé et calme de la ville, cette demeure constitue la planque parfaite pour Prométhée, lui permettant depuis plusieurs mois d'assembler sa bombe à impulsion électromagnétique dans la plus grande tranquillité.

Vous jetez un œil aux fenêtres du rez-de-chaussée, parfois barrées de planches, sans distinguer la moindre présence humaine. Se pourrait-il que Prométhée ait déjà quitté son domicile pour mettre rapidement son plan à exécution ?

Vous n'avez pas le choix, il va vous falloir en avoir le cœur net : vous décidez d'investir les lieux avec votre équipe.

Après plusieurs sommations, vous enfoncez la porte et pénétrez dans la demeure. En entrant dans le hall, votre regard se pose sur une **boîte aux lettres** B0 qui déborde de prospectus. Vous décidez de reporter son examen à plus tard et poursuivez votre exploration du manoir.

La plupart des pièces se révèlent vides et poussiéreuses : quelques meubles d'époque recouverts de draps, des pans de murs décorés de papier peint vieillot en lambeaux, un parquet en bois massif dont une partie des lattes ont été arrachées… Le décor idéal pour un film d'horreur. En tout cas, la bâtisse est bel et bien vide.

Après plusieurs minutes d'inspection, vous en arrivez à la conclusion que toute l'activité du propriétaire s'était concentrée sur une seule pièce du rez-de-chaussée, un vaste salon devenu le repère de Prométhée. Nul doute que l'informaticien devait passer ses journées et ses nuits dans ces quelques mètres carrés aménagés en véritable repère de hacker.

Les fenêtres de cette tanière, condamnées par des planches, ne laissent pas passer la lumière du jour. La pièce n'est éclairée que par quelques néons et par plusieurs écrans disposés sur un bureau dans un angle du salon. Les moniteurs sont reliés à un **ordinateur** DI d'une taille considérable, équipé d'un système de refroidissement liquide de nouvelle génération. Ce type d'installation doit être doté d'une puissance de calcul prodigieuse !

Sur le bureau, à côté d'un **clavier** VI, vous repérez la **carte de visite** SI de Prométhée. Sous le plan de travail, un **petit tiroir** TI méritera certainement que vous vous y attardiez un peu plus tard.

Enfin, posé à même le sol, un **coffre-fort** FO retient également votre attention. Il s'agit d'un de ces modèles blindés des plus massifs, solidement ancré au parquet.

Au centre de la pièce, le sol est recouvert de feuilles imprimées, de schémas électroniques de toutes sortes et de calculs complexes de puissance et d'intensité. Il faudrait des semaines pour analyser tous ces documents, qui doivent regorger d'informations précieuses concernant l'assemblage de la bombe. Malheureusement, si Prométhée passe à l'acte dans l'heure comme prévu, vous n'aurez pas le temps de tout disséquer.

Vous jetez un rapide coup d'œil à l'établi qui occupe la partie gauche de la pièce. En plus des outils et des composants électroniques disposés sur le plan de travail, vous découvrez un **aimant** AI ainsi qu'un **voltmètre** VO. Pas de doute, c'est là que Prométhée a construit son redoutable engin.

Vous vous replongez dans votre carnet, pour garder en tête vos objectifs majeurs et mettre à jour la liste des objets qui pourront vous servir. Vous y rayez ainsi de nombreux objets de la salle des serveurs que vous n'utiliserez plus.

Le temps presse : Prométhée est vraisemblablement caché quelque part dans la ville, en train d'apporter les derniers réglages à sa bombe à impulsion électromagnétique. Il ne reste sans doute plus que quelques dizaines de minutes avant la détonation.

Il faut fouiller sans plus attendre le repère de Prométhée à la recherche d'un indice permettant de localiser le hacker !

OBJETS

LA – Lampe de poche

~~LE – Lecteur de badges magnétiques~~

~~MI – Terminal principal des serveurs~~

~~AR – Armoire métallique~~

~~CO – Combiné TV-DVD~~

~~TE – Télécommande~~

~~MA – Manuel DarkOS~~

~~PI – Piles~~

~~CA – Câbles colorés~~

~~VE – DVD~~

~~NE – Machine servant à configurer les badges~~

~~BA – Badge magnétique~~

PA – Plan de la ville

BO – Boîte aux lettres

SI – Carte de visite

DI – Ordinateur

VI – Clavier

TI – Tiroir

FO – Coffre-fort

AI – Aimant

VO – Voltmètre

NOTES

- ~~Tenter de récolter le maximum d'informations sur Prométhée, notamment son adresse pour l'interpeller avant son passage à l'acte.~~

- ~~Trouver un moyen de sortir de la salle des serveurs.~~

- Fouiller l'atelier pour découvrir le maximum d'informations sur Prométhée et localiser la bombe.

Attention ! Ne tournez pas la page avant d'avoir été invité à découvrir la salle S3 !

LA BOMBE

Attention ! Ne lisez le chapitre suivant que si vous y avez été expressément invité !

SALLE S3 - LA BOMBE

GO

La bombe

Vous vous garez à bonne distance de la rue où vous avez repéré la fourgonnette suspecte.

La zone industrielle, qui grouille d'activité en journée, est totalement déserte à cette heure. Mais même si le jour commence à décliner, les températures restent suffocantes.

Vous et votre équipe vous approchez le plus discrètement possible du véhicule. Concentré sur les derniers réglages de la bombe, Prométhée ne vous entend pas arriver. Hélas, alors que vous n'étiez plus qu'à une vingtaine de mètres, un de vos coéquipiers cogne involontairement dans une canette de soda perdue sur la chaussée. Le bruit métallique alerte le hacker, qui se retourne et vous repère.

Il referme immédiatement les portières de la fourgonnette et prend la fuite à pied dans la zone industrielle. Vous lancez aussitôt vos hommes à sa poursuite et vous courez vers la **fourgonnette** G0.

Pour la première fois, à travers les vitres teintées du véhicule, vous distinguez la bombe à impulsion électromagnétique, un assemblage complexe et déroutant qui émet une fascinante lumière bleutée.

Vous n'avez pas vu beaucoup d'engins de ce genre, mais vous en avez la certitude : le dispositif est déjà activé. La bombe est opérationnelle, prête à délivrer l'impulsion électromagnétique qui réduirait à néant toutes les infrastructures électriques des environs.

Il vous reste tout au plus quelques minutes avant la détonation.

C'est le dernier duel.

Vous, seul contre la bombe...

Il ne reste plus beaucoup d'objets à ce stade de l'aventure : vous avez toujours votre fidèle **lampe de poche** LA, et vous avez emporté avec vous le **guide de désamorçage** GU ainsi qu'un **voltmètre** VO trouvé sur l'établi de Prométhée. Et bien sûr, face à vous, la **fourgonnette** GO sur laquelle vous allez devoir concentrer vos efforts.

Quant à vos objectifs, ils sont évidents : accéder à la bombe, et la désamorcer.

OBJETS

LA – Lampe de poche

~~LE – Lecteur de badges magnétiques~~

~~MI – Terminal principal des serveurs~~

~~AR – Armoire métallique~~

~~CO – Combiné TV-DVD~~

~~TE – Télécommande~~

~~MA – Manuel DarkOS~~

~~PI – Piles~~

~~CA – Câbles colorés~~

~~VE – DVD~~

~~NE – Machine servant à configurer les badges~~

~~BA – Badge magnétique~~

~~PA – Plan de la ville~~

~~BO – Boîte aux lettres~~

~~SI – Carte de visite~~

~~DI – Ordinateur~~

~~VI – Clavier~~

~~TI – Tiroir~~

~~FO – Coffre-fort~~

~~AI – Aimant~~

VO – Voltmètre

~~US – Clé USB~~

~~KI – Kit de crochetage~~

~~FA – Facture~~

GU – Guide de désamorçage

GO – Fourgonnette

NOTES

- ~~Tenter de récolter le maximum d'informations sur Prométhée, notamment son adresse pour l'interpeller avant son passage à l'acte.~~

- ~~Trouver un moyen de sortir de la salle des serveurs.~~

- ~~Fouiller l'atelier pour découvrir le maximum d'informations sur Prométhée et localiser la bombe.~~

- Accéder à la bombe à impulsion électromagnétique.

- Désamorcer la bombe le plus rapidement possible.

DÉCODEUR

Rappel des actions possibles

- EX : examiner, regarder attentivement
- OU : ouvrir, allumer
- DE : déplacer, secouer, renverser, pousser
- IN : indice sur l'objet
- Assembler les lettres de 2 objets pour les utiliser ensemble.

Pour saisir un code afin d'ouvrir un cadenas, digicode, etc., inutile d'utiliser le Décodeur : il suffit de se reporter directement aux quatre chiffres dans la partie Révélations.

Jouez avec votre Smartphone !

Si vous souhaitez optimiser votre temps de recherche dans le Décodeur, vous pouvez utiliser la version Web :

https://escape-game.larousse.fr/poche/hacker.html

ou par le Flashcode ci-après.

Saisissez votre mot-code dans le champ de recherche et découvrez immédiatement la combinaison associée et le paragraphe correspondant.

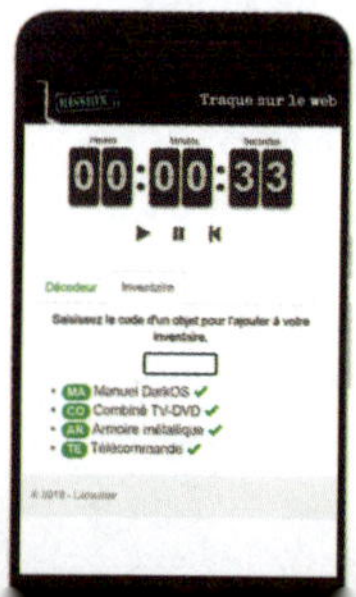

AIAR	3028	AIPA	0923	ARFA	3028	ARTI	3028
AIBA	6270	AIPI	6627	ARFO	3028	ARUS	8821
AIBO	1730	AIPO	2748	ARGO	1730	ARVE	3028
AICA	3028	AIRI	1470	ARGU	6583	ARVI	7466
AICO	4418	AISI	4418	ARHA	3028	ARVO	3028
AIDI	9327	AITE	1730	ARKI	3028	BAAI	6270
AIFA	3028	AITI	0923	ARLA	3028	BAAR	7466
AIFO	3627	AIUS	1730	ARLE	3028	BABO	7466
AIGO	1730	AIVE	5518	ARMA	3028	BACA	5518
AIGU	3028	AIVI	9373	ARMI	1730	BACO	2094
AIHA	2769	AIVO	4418	ARNE	6583	BADI	8821
AIKI	5518	ARAI	3028	ARPA	3028	BAFA	9373
AILA	4418	ARBA	7466	ARPI	3028	BAFO	1730
AILE	2787	ARBO	8821	ARPO	3028	BAGO	6583
AIMA	5518	ARCA	3028	ARRI	6583	BAGU	4418
AIMI	6327	ARCO	3028	ARSI	3028	BAHA	0923
AINE	3028	ARDI	1730	ARTE	1730	BAKI	2094

BALA	4418	BOAR	8821	BOPI	4418	CAFO	3028
BALE	6870	BOBA	7466	BOPO	5518	CAGO	1730
BAMA	3028	BOCA	0923	BORI	9373	CAGU	4418
BAMI	0923	BOCO	9373	BOSI	0923	CAHA	3028
BANE	1000	BODI	6583	BOTE	3028	CAKI	3028
BAPA	8821	BOFA	1730	BOTI	2094	CALA	3028
BAPI	0923	BOFO	3028	BOUS	8821	CALE	3028
BAPO	3028	BOGO	2094	BOVE	7466	CAMA	3028
BARI	2094	BOGU	7466	BOVI	7466	CAMI	6354
BASI	5518	BOHA	4418	BOVO	2094	CANE	4418
BATE	1730	BOKI	9373	CAAI	3028	CAPA	3028
BATI	6583	BOLA	8880	CAAR	3028	CAPI	3028
BAUS	5518	BOLE	8821	CABA	5518	CAPO	3028
BAVE	4418	BOMA	5518	CABO	0923	CARI	4418
BAVI	0923	BOMI	4418	CACO	3028	CASI	3028
BAVO	6583	BONE	5518	CADI	9354	CATE	1730
BOAI	1730	BOPA	6583	CAFA	3028	CATI	3028

CAUS	0923	COLE	4418	DEBA	6390	DEPI	6639
CAVE	3028	COMA	5518	DEBO	8490	DEPO	4839
CAVI	5518	COMI	1730	DECA	5439	DERI	1590
CAVO	3028	CONE	1730	DECO	1839	DESI	5739
COAI	4418	COPA	0923	DEDI	9339	DETE	3339
COAR	3028	COPI	0923	DEFA	2439	DETI	0639
COBA	2094	COPO	7466	DEFO	3639	DEUS	5490
COBO	9373	CORI	1730	DEGO	0339	DEVE	7539
COCA	3028	COSI	4418	DEGU	7590	DEVI	3390
CODI	1730	COTE	3318	DEHA	3969	DEVO	0939
COFA	3028	COTI	0923	DEKI	1539	DIAI	9327
COFO	0923	COUS	9373	DELA	7839	DIAR	1730
COGO	1730	COVE	7518	DELE	8739	DIBA	8821
COGU	1730	COVI	2094	DEMA	4539	DIBO	6583
COHA	7466	COVO	7466	DEMI	6339	DICA	9354
COKI	5518	DEAI	2739	DENE	4590	DICO	1730
COLA	7466	DEAR	8439	DEPA	9639	DIFA	1730

DIFO	1730	DIUS	5040	EXLA	9780	FAAR	3028
DIGO	1730	DIVE	9374	EXLE	9870	FABA	9373
DIGU	2094	DIVI	3930	EXMA	9450	FABO	1730
DIHA	1730	DIVO	1730	EXMI	9630	FACA	3028
DIKI	1730	EXAI	9270	EXNE	9420	FACO	3028
DILA	1730	EXAR	9840	EXPA	9999	FADI	1730
DILE	1730	EXBA	6900	EXPI	9660	FAFO	3028
DIMA	1730	EXBO	9810	EXPO	9480	FAGO	1730
DIMI	1730	EXCA	9540	EXRI	9120	FAGU	3028
DINE	2094	EXCO	9180	EXSI	9570	FAHA	3028
DIPA	1730	EXDI	9930	EXTE	9330	FAKI	3028
DIPI	1730	EXFA	9240	EXTI	9060	FALA	3028
DIPO	1730	EXFO	9360	EXUS	9510	FALE	3028
DIRI	2094	EXGO	9030	EXVE	9750	FAMA	3028
DISI	1730	EXGU	2820	EXVI	3900	FAMI	1730
DITE	1730	EXHA	9690	EXVO	9090	FANE	3028
DITI	1730	EXKI	9150	FAAI	3028	FAPA	3028

FAPI	3028	FOFA	3028	FOUS	3028	GOLE	1730
FAPO	3028	FOGO	1730	FOVE	5518	GOMA	1730
FARI	3028	FOGU	5518	FOVI	1730	GOMI	1730
FASI	3028	FOHA	0923	FOVO	0923	GONE	9373
FATE	1730	FOKI	1536	GOAI	1730	GOPA	1730
FATI	3028	FOLA	0923	GOAR	1730	GOPI	1730
FAUS	1730	FOLE	0923	GOBA	6583	GOPO	1730
FAVE	3028	FOMA	5518	GOBO	2094	GORI	9373
FAVI	9373	FOMI	1730	GOCA	1730	GOSI	1730
FAVO	3028	FONE	5518	GOCO	1730	GOTE	0333
FOAI	3627	FOPA	0923	GODI	1730	GOTI	1730
FOAR	3028	FOPI	0923	GOFA	1730	GOUS	2094
FOBA	1730	FOPO	0923	GOFO	1730	GOVE	1730
FOBO	3028	FORI	5518	GOGU	9373	GOVI	6583
FOCA	3028	FOSI	0923	GOHA	1730	GOVO	1730
FOCO	0923	FOTE	1730	GOKI	0314	GUAI	3028
FODI	1730	FOTI	0923	GOLA	0378	GUAR	6583

GUBA	4418	GUPO	0923	HAFO	0923	HAVE	5518
GUBO	7466	GURI	8821	HAGO	1730	HAVI	0923
GUCA	4418	GUSI	4418	HAGU	7466	HAVO	0969
GUCO	1730	GUTE	5518	HAKI	5518	INAI	2799
GUDI	2094	GUTI	9373	HALA	7869	INAR	8499
GUFA	3028	GUUS	7466	HALE	4418	INBA	6990
GUFO	5518	GUVE	8821	HAMA	5518	INBO	8001
GUGO	9373	GUVI	4418	HAMI	1730	INCA	5499
GUHA	7466	GUVO	9373	HANE	7466	INCO	1899
GUKI	1730	HAAI	2769	HAPA	0923	INDI	9399
GULA	8821	HAAR	3028	HAPI	6669	INFA	2499
GULE	6583	HABA	0923	HAPO	7466	INFO	3699
GUMA	0923	HABO	4418	HARI	1890	INGO	0399
GUMI	7466	HACA	3028	HASI	4418	INGU	7101
GUNE	8821	HACO	7466	HATE	1730	INHA	6999
GUPA	2094	HADI	1730	HATI	0923	INKI	1599
GUPI	7466	HAFA	3028	HAUS	4418	INLA	7899

INLE	8799	KIBA	2094	KIPO	5518	LAFO	0923
INMA	4599	KIBO	9373	KIRI	1730	LAGO	0378
INMI	6399	KICA	3028	KISI	5518	LAGU	8821
INNE	4101	KICO	5518	KITE	1730	LAHA	7869
INPA	9699	KIDI	1730	KITI	1506	LAKI	5518
INPI	6699	KIFA	3028	KIUS	9373	LALE	4418
INPO	4899	KIFO	1536	KIVE	5518	LAMA	5518
INRI	1101	KIGO	0314	KIVI	2094	LAMI	1730
INSI	5799	KIGU	1730	KIVO	5518	LANE	8821
INTE	3399	KIHA	5518	LAAI	4418	LAPA	0923
INTI	0699	KILA	5518	LAAR	3028	LAPI	6678
INUS	5001	KILE	5518	LABA	4418	LAPO	7466
INVE	7599	KIMA	5518	LABO	8880	LARI	8821
INVI	3990	KIMI	1730	LACA	3028	LASI	4418
INVO	0999	KINE	1730	LACO	7466	LATE	1730
KIAI	5518	KIPA	5518	LADI	1730	LATI	0923
KIAR	3028	KIPI	5518	LAFA	3028	LAUS	7466

LAVE	5518	LEMA	4587	MABO	5518	MARI	0923
LAVI	4418	LEMI	1730	MACA	3028	MASI	5518
LAVO	7466	LENE	6583	MACO	5518	MATE	1730
LEAI	2787	LEPA	0923	MADI	1730	MATI	5518
LEAR	3028	LEPI	0923	MAFA	3028	MAUS	5518
LEBA	6870	LEPO	4418	MAFO	5518	MAVE	5518
LEBO	8821	LERI	6583	MAGO	1730	MAVI	3028
LECA	3028	LESI	4418	MAGU	0923	MAVO	5518
LECO	4418	LETE	3387	MAHA	5518	MIAI	6327
LEDI	1730	LETI	0923	MAKI	5518	MIAR	1730
LEFA	3028	LEUS	8821	MALA	5518	MIBA	0923
LEFO	0923	LEVE	5518	MALE	4587	MIBO	4418
LEGO	1730	LEVI	7466	MAMI	6344	MICA	6354
LEGU	6583	LEVO	4418	MANE	0923	MICO	1730
LEHA	4418	MAAI	5518	MAPA	5518	MIDI	1730
LEKI	5518	MAAR	3028	MAPI	5518	MIFA	1730
LELA	4418	MABA	3028	MAPO	5518	MIFO	1730

MIGO	1730	MIVI	0923	NEMA	0923	OUCA	0923
MIGU	7466	MIVO	1730	NEMI	7466	OUCO	2280
MIHA	1730	NEAI	3028	NEPA	2094	OUDI	2040
MIKI	1730	NEAR	6583	NEPI	4860	OUFA	1730
MILA	1730	NEBA	1000	NEPO	0923	OUFO	2460
MILE	1730	NEBO	5518	NERI	0923	OUGO	2130
MIMA	6344	NECA	4418	NESI	4418	OUGU	2820
MINE	7466	NECO	1730	NETE	5518	OUHA	2790
MIPA	1730	NEDI	2094	NETI	9373	OUKI	9373
MIPI	1730	NEFA	3028	NEUS	5518	OULA	2880
MIPO	1730	NEFO	5518	NEVE	8821	OULE	2970
MIRI	7466	NEGO	9373	NEVI	3028	OUMA	9450
MISI	1730	NEGU	8821	NEVO	9373	OUMI	2730
MITE	1730	NEHA	7466	OUAI	1730	OUNE	2520
MITI	1730	NEKI	1730	OUAR	2940	OUPA	6583
MIUS	5730	NELA	8821	OUBA	9373	OUPI	2760
MIVE	1730	NELE	6583	OUBO	2000	OUPO	2580

OURI	2220	PAGO	1730	PAVI	8821	PIMA	5518
OUSI	0923	PAGU	2094	PAVO	0923	PIMI	1730
OUTE	2430	PAHA	0923	PIAI	6627	PINE	4860
OUTI	2160	PAKI	5518	PIAR	3028	PIPA	0923
OUUS	2610	PALA	0923	PIBA	0923	PIPO	0923
OUVE	7466	PALE	0923	PIBO	4418	PIRI	1860
OUVI	9373	PAMA	5518	PICA	3028	PISI	0923
OUVO	2190	PAMI	1730	PICO	0923	PITE	3366
PAAI	0923	PANE	2094	PIDI	1730	PITI	0923
PAAR	3028	PAPI	0923	PIFA	3028	PIUS	4418
PABA	8821	PAPO	0923	PIFO	0923	PIVE	5518
PABO	6583	PARI	2094	PIGO	1730	PIVI	3660
PACA	3028	PASI	0923	PIGU	7466	PIVO	6609
PACO	0923	PATE	1730	PIHA	6669	POAI	2748
PADI	1730	PATI	0923	PIKI	5518	POAR	3028
PAFA	3028	PAUS	6583	PILA	6678	POBA	3028
PAFO	0923	PAVE	5518	PILE	0923	POBO	5518

POCA	3028	POSI	4418	RIGU	8821	RIVO	1290
POCO	7466	POTE	1730	RIHA	1890	SIAI	4418
PODI	1730	POTI	0923	RIKI	1730	SIAR	3028
POFA	3028	POUS	5518	RILA	8821	SIBA	5518
POFO	0923	POVE	5518	RILE	6583	SIBO	0923
POGO	1730	POVI	3028	RIMA	0923	SICA	3028
POGU	0923	POVO	7466	RIMI	7466	SICO	4418
POHA	7466	RIAI	1470	RINE	0923	SIDI	1730
POKI	5518	RIAR	6583	RIPA	2094	SIFA	3028
POLA	7466	RIBA	2094	RIPI	1860	SIFO	0923
POLE	4418	RIBO	9373	RIPO	0923	SIGO	1730
POMA	5518	RICA	4418	RISI	4418	SIGU	4418
POMI	1730	RICO	1730	RITE	5518	SIHA	4418
PONE	0923	RIDI	2094	RITI	9373	SIKI	5518
POPA	0923	RIFA	3028	RIUS	9373	SILA	4418
POPI	0923	RIFO	5518	RIVE	8821	SILE	4418
PORI	0923	RIGO	9373	RIVI	2094	SIMA	5518

SIMI	1730	TECO	3318	TESI	1730	TIHA	0923
SINE	4418	TEDI	1730	TETI	1730	TIKI	1506
SIPA	0923	TEFA	1730	TEUS	3028	TILA	0923
SIPI	0923	TEFO	1730	TEVE	1730	TILE	0923
SIPO	4418	TEGO	0333	TEVI	1730	TIMA	5518
SIRI	4418	TEGU	5518	TEVO	1730	TIMI	1730
SITE	1730	TEHA	1730	TIAI	0923	TINE	9373
SITI	0657	TEKI	1730	TIAR	3028	TIPA	0923
SIUS	0923	TELA	1730	TIBA	6583	TIPI	0923
SIVE	5518	TELE	3387	TIBO	2094	TIPO	0923
SIVI	5518	TEMA	1730	TICA	3028	TIRI	9373
SIVO	4418	TEMI	1730	TICO	0923	TISI	0657
TEAI	1730	TENE	5518	TIDI	1730	TITE	1730
TEAR	1730	TEPA	1730	TIFA	3028	TIUS	2094
TEBA	1730	TEPI	3366	TIFO	0923	TIVE	5518
TEBO	3028	TEPO	1730	TIGO	1730	TIVI	6583
TECA	1730	TERI	5518	TIGU	9373	TIVO	0923

USAI	1730	USNE	5518	VEDI	9374	VETE	1730
USAR	8821	USPA	6583	VEFA	3028	VETI	5518
USBA	5518	USPI	4418	VEFO	5518	VEUS	7466
USBO	8821	USPO	5518	VEGO	1730	VEVI	4418
USCA	0923	USRI	9373	VEGU	8821	VEVO	5518
USCO	9373	USSI	0923	VEHA	5518	VIAI	9373
USDI	5040	USTE	3028	VEKI	5518	VIAR	7466
USFA	1730	USTI	2094	VELA	5518	VIBA	0923
USFO	3028	USVE	7466	VELE	5518	VIBO	7466
USGO	2094	USVI	5518	VEMA	5518	VICA	5518
USGU	7466	USVO	2094	VEMI	1730	VICO	2094
USHA	4418	VEAI	5518	VENE	8821	VIDI	3930
USKI	9373	VEAR	3028	VEPA	5518	VIFA	9373
USLA	7466	VEBA	4418	VEPI	5518	VIFO	1730
USLE	8821	VEBO	7466	VEPO	5518	VIGO	6583
USMA	5518	VECA	3028	VERI	8821	VIGU	4418
USMI	5730	VECO	7518	VESI	5518	VIHA	0923

VIKI	2094	VITE	1730	VODI	1730	VONE	9373
VILA	4418	VITI	6583	VOFA	3028	VOPA	0923
VILE	7466	VIUS	5518	VOFO	0923	VOPI	6609
VIMA	3028	VIVE	4418	VOGO	1730	VOPO	7466
VIMI	0923	VIVO	6583	VOGU	9373	VORI	1290
VINE	3028	VOAI	4418	VOHA	0969	VOSI	4418
VIPA	8821	VOAR	3028	VOKI	5518	VOTE	1730
VIPI	3660	VOBA	6583	VOLA	7466	VOTI	0923
VIPO	3028	VOBO	2094	VOLE	4418	VOUS	2094
VIRI	2094	VOCA	3028	VOMA	5518	VOVE	5518
VISI	5518	VOCO	7466	VOMI	1730	VOVI	6583

RÉVÉLATIONS

→ 0050

Vous fouillez le vieux moulin à eau situé à l'ouest de la ville. L'endroit est calme et paisible, rien à signaler. Vous perdez 10 minutes sur votre chrono.

→ 0314

Ce kit de crochetage n'est pas du tout adapté aux serrures d'une voiture.

→ 0333

Mais que faites-vous encore avec cette télécommande à la main ? Vous l'avez volée dans la salle des serveurs ? C'est un délit ! Quoi qu'il en soit, désolé, elle ne permet pas d'ouvrir la fourgonnette.

→ 0339

Vous vous mettez au volant pour déplacer la fourgonnette, mais vous réalisez que vous n'avez pas la clé…

→ 0378

Avec la lampe de poche, vous éclairez l'intérieur de la fourgonnette. La bombe est bien activée, il faut que vous puissiez y accéder de toute urgence.

→ 0399

Pour ouvrir la fourgonnette, testez les différents boutons sous l'écran pour comprendre leur impact sur la courbe bleue. Une seule position des boutons permet de superposer les deux courbes.

→ 0639

Le tiroir ne bouge pas d'un pouce !

→ 0657

Impossible de crocheter le tiroir à l'aide de la carte de visite, si c'est ce que vous aviez en tête.

→ 0699

Vous ne parviendrez pas à ouvrir le tiroir, à moins d'avoir sur vous un kit de crochetage. D'après ses mails, Prométhée en a d'ailleurs commandé un récemment : la livraison ne devrait plus tarder…

→ 0923

Où voulez-vous donc en venir ?

→ 0939

Sur les bornes de quel composant souhaitez-vous appliquer ce voltmètre ?

→ 0969

En sortie du convertisseur, la tension dépasse les 400 000 volts. Votre voltmètre ne survivrait pas…

➔ 0999

Il sert à mesurer une tension, sur une pile ou, mieux, sur une batterie.

➔ 1000

Vous insérez le badge magnétique dans la machine découverte dans l'armoire afin de le configurer. L'indication « Code PIN à 4 chiffres ? » clignote alors sur le petit écran de l'appareil. Décidément, encore une combinaison qu'il va vous falloir découvrir pour pouvoir avancer... Pour saisir le code en question dans la machine, vous devrez ajouter le numéro de ce paragraphe (**1000**) à la combinaison en question et vous reporter au numéro de paragraphe ainsi obtenu.

➔ 1060

Votre équipe fouille de fond en comble la cité à la recherche du moindre élément suspect, sans succès. Voilà 10 minutes de perdues sur votre chrono…

➔ 1101

Il faut déterminer sa tension à l'aide d'un appareil de mesure, d'après la procédure de désamorçage.

➔ 1290

Vous appliquez le voltmètre sur les bornes de la batterie afin de mesurer la tension. Après quelques oscillations, l'aiguille se stabilise sur la valeur de 240 volts.

→ 1470

Surtout pas, vous risqueriez de déclencher la bombe !

→ 1506

Après quelques essais, vous réussissez à crocheter la serrure du tiroir. Vous pouvez rayer le **kit** KI de votre liste. À l'intérieur du tiroir, vous découvrez plusieurs **factures téléphoniques** FA émises à l'attention de Tristan Clavette. Caché sous la pile de feuilles, vous dénichez également un **épais livre** GU dont le titre vous arrache un sourire : « Guide de désamorçage d'une bombe à impulsion électromagnétique ». Pas de doute, vous êtes sur la bonne voie !

→ 1536

Non, désolé, vous ne parviendrez pas à crocheter un coffre-fort avec un tel kit.

→ 1539

En secouant le petit kit, vous entendez les différents outils s'entrechoquer.

→ 1590

Il faut éviter à tout prix de toucher aux composants de la bombe, c'est bien trop dangereux.

→ 1599

Ce kit de crochetage doit vous permettre d'ouvrir la dernière serrure qui vous résiste dans le repère de Prométhée.

→ 1730

C'est dommage, vous aviez pourtant de l'avenir, au SAINT... Mais si votre hiérarchie apprend que vous galérez autant sur cette affaire, cette promotion, ça ne sera pas pour tout de suite !

→ 1839

Vous avez beau le déplacer, le combiné TV-DVD ne cache rien.

→ 1860

Ça n'est pas une bonne idée du tout…

→ 1890

Le convertisseur haute tension et la batterie sont déjà reliés entre eux !

→ 1899

Ce combiné attend un DVD pour vous en mettre plein la vue !

→ 1938

Pour déterminer l'emplacement de la bombe après avoir fouillé le repère de Prométhée, il vous faudra avoir trouvé son numéro de portable et avoir utilisé un logiciel capable de vous en donner la localisation précise. Normalement, vous devriez à ce stade pouvoir reporter 3 distances sur la carte (fiez-vous à l'échelle en bas du plan) depuis 3 lieux précis. Un seul point d'intérêt peut alors correspondre.

→ 2000

La boîte aux lettres s'ouvre facilement et ne contient que quelques prospectus. Le facteur n'est sans doute pas encore passé aujourd'hui. Si, plus tard dans votre aventure, vous étiez amené à recevoir une notification de livraison d'un colis, il vous suffirait de vous reporter au paragraphe obtenu en additionnant le numéro de suivi du colis en question à ce numéro de paragraphe (**2000**).

→ 2012

Bien joué ! Vous êtes parvenu à décoder la suite de pictogrammes découverte sous le clavier ! Vous saisissez le code **2012** sur le clavier, ce qui a pour effet de déverrouiller l'accès à l'ordinateur. Le disque dur est quasiment vide, signe que Prométhée a dû faire un sacré nettoyage avant de quitter les lieux. Une fenêtre du navigateur Internet est cependant restée ouverte... Formidable découverte, puisque vous avez sous les yeux la messagerie Internet du hacker :

https://escape-game.larousse.fr/poche/traque/mail.html

Voici une source d'informations incroyablement riche, qui devrait vous occuper un petit bout de temps. Vous vous sentez perdu et vous ne savez pas comment vous y prendre ? Le paragraphe **8421** vous apportera si nécessaire quelques indices sur la marche à suivre à ce stade de l'aventure.

→ 2020

Direction la gare de Borée, dans le nord-ouest de la ville. Vous déployez vos hommes, qui fouillent la gare de fond en comble. Rien à signaler, mais 10 minutes de perdues sur votre chrono…

→ 2040

L'ordinateur est déjà allumé, il suffit de saisir le code pour le déverrouiller.

→ 2060

La file d'attente du bureau de poste se prolonge jusque sur le trottoir. Vous évacuez les lieux, mais vous repartez finalement bredouille... 10 minutes de perdues, à retrancher de votre chrono…

→ 2080

Sirènes hurlantes, vous traversez la ville à toute allure jusqu'au manoir de l'Aiguille. Sur le trajet, le central vous transmet plus d'informations sur ce lieu, une vieille bâtisse tombant en décrépitude rachetée quelques mois auparavant à la ville pour une somme symbolique par un certain Tristan Clavette, le hacker qui sévit aujourd'hui sous le pseudonyme de Prométhée. La police n'a déniché que très peu d'informations sur lui : la trentaine, employé d'une société de sécurité informatique. Un homme discret, divorcé l'année dernière, père de deux enfants confiés à son ex-femme. À quelques rues de son domicile, vous coupez les sirènes en vue d'une approche discrète. La demeure semble calme, il va vous falloir explorer les lieux pour interpeller le hacker. Rendez-vous en salle S2 pour la suite de votre aventure…

→ 2094

Voyons ! Il doit bien y avoir quelque chose de plus pertinent à essayer à ce stade…

→ 2130

Les portières de la fourgonnette sont verrouillées. Vous ne pouvez pas vous permettre d'attendre les renforts qui apporteraient le matériel nécessaire pour forcer les portes, mais vous avez sur vous un petit appareil qui devrait vous être utile. Il permet de pirater le système d'ouverture à distance d'un véhicule en imitant la fréquence des ondes normalement émises par la clé.

https://escape-game.larousse.fr/poche/traque/frequence.html

Tout ce qu'il vous suffit de faire, c'est de régler le dispositif de façon à superposer la courbe bleue de votre appareil avec la courbe rouge qui symbolise la fréquence d'ouverture de la fourgonnette. Vous obtiendrez alors le numéro du paragraphe auquel vous référer.

→ 2160

Le tiroir est fermé à clé. Vous allez perdre trop de temps à essayer de l'ouvrir par la force.

→ 2190

Est-ce bien le moment de démonter tous les appareils électriques qui vous tombent sous la main ?

→ 2220

C'est fortement déconseillé, ça pourrait être dangereux !

→ 2280

Le combiné TV-DVD est déjà allumé, il suffirait d'insérer un disque dans le lecteur pour lancer un film.

→ 2430

À part le compartiment des piles, pas grand-chose à ouvrir sur cette télécommande.

→ 2439

Sur le verso de la facture figure le descriptif détaillé des communications de Prométhée, mais vous n'avez pas le temps d'éplucher tout ça maintenant…

→ 2460

Vous tentez d'ouvrir le coffre-fort, mais il affiche un message « Ouverture impossible, réinitialisation obligatoire ». Même avec la bonne combinaison, vous ne pourriez probablement pas l'ouvrir. Il existe peut-être des procédures pour cela, mais vos connaissances en la matière sont assez limitées et vous n'avez pas d'expert sous la main.

→ 2499

Sur cette facture téléphonique, une seule information est essentielle : le numéro de téléphone portable de Prométhée, indispensable pour le localiser.

→ 2520

Inutile de chercher à démonter cette pauvre machine…

→ 2580

Le téléphone portable est allumé, mais attend un code PIN.

→ 2610

Il n'y a qu'un petit capuchon à retirer. Et maintenant, que faire ?

→ 2730

Le terminal est déjà sous tension, il faudrait simplement le raccorder à nouveau aux serveurs.

→ 2739

Pour déplacer l'aimant vers un objet, vous devez le combiner/l'associer à cet objet.

→ 2748

On court à la catastrophe avec des idées comme ça !

→ 2760

Démonter une pile ? Vous n'y pensez pas ! Il y a des composants nocifs, là-dedans !

→ 2769

Non, non, non ! Surtout pas, c'est bien trop dangereux !

→ 2787

Rapprocher l'aimant du lecteur de badge ne peut qu'endommager un peu plus le système !

→ 2790

Surtout pas, vous risqueriez de déclencher la bombe !

→ 2799

Cet aimant vous aidera à ouvrir le coffre, mais une autre information sera nécessaire.

→ 2820

Vous consultez le guide de désamorçage afin de sécuriser le dispositif électromagnétique : « La première étape, primordiale, consiste à retirer l'éventuel détonateur à distance (le plus souvent, un téléphone portable relié à l'engin). Pour cela, composer le code PIN du téléphone, éteindre l'appareil et le déconnecter de la bombe. La deuxième étape consiste à désamorcer la bombe à impulsion en elle-même. La procédure dépend du dispositif, et notamment de deux paramètres : la tension, en volts, de la batterie, qu'il est indispensable de mesurer à l'aide d'un appareil adapté. Et la référence à 4 chiffres du convertisseur haute tension. » En additionnant ces deux chiffres, vous trouverez le numéro du paragraphe auquel vous reporter pour la procédure propre à cet engin.

→ 2880

Vous dévissez le haut de la lampe torche et vous y trouvez **deux piles** PI.

→ 2912

Pour vous connecter à Quoi2Neuf à la place de Prométhée, la meilleure solution est de demander un nouveau mot de passe par l'intermédiaire du lien sous le formulaire de connexion. Vous le recevrez alors sur la boîte mail de Prométhée. Pour cela, vous devez saisir l'adresse mail de Prométhée, ainsi que la réponse à deux questions secrètes. La réponse à la première question est cachée dans la boîte de réception du hacker. Pour la seconde, un coup d'œil à la **carte de visite** **S1** devrait vous aider ! Pensez à rafraîchir la boîte mail de Prométhée pour recevoir votre nouveau mot de passe, et vous n'aurez plus qu'à vous connecter. Une fois la conversation Quoi2Neuf affichée, si vous ne savez pas quoi répondre à H4ck3r, consultez le paragraphe **5239**.

→ 2940

Vous tentez d'écarter les panneaux coulissants de l'armoire, mais c'était sans compter sur un petit cadenas qui retient solidement les deux rideaux entre eux, et qui doit être ouvert au moyen d'une combinaison à quatre chiffres.

→ 2970

Vous essayeriez bien de démonter le lecteur de badge, mais vous avez peur d'endommager le dispositif.

→ 3013

Pour pouvoir utiliser le logiciel, il vous faut d'abord connaître le numéro de téléphone portable de Prométhée afin d'accéder à sa position.

Si vous n'avez pas trouvé le numéro de portable de Prométhée, le paragraphe **9432** vous indiquera où chercher.

Si vous avez déjà le numéro de téléphone, saisissez-le dans le logiciel et consultez le paragraphe **7128** pour savoir comment exploiter les informations obtenues.

→ 3028

C'est le stress ou les fortes chaleurs qui vous troublent à ce point ? Allons, un peu de bon sens !

→ 3030

Votre équipe évacue l'Hôpital central de toute urgence. L'opération se déroule dans le calme et vous ne trouvez rien de suspect. Mais voilà 10 minutes de perdues sur votre chrono…

→ 3090

Vous gagnez à toute allure le sud de la ville et vous rentrez dans le cimetière. Tout est parfaitement calme ici. Votre cavalcade à travers la ville vous aura fait perdre 10 minutes sur votre chrono.

→ 3116

Vous avez su dénicher ce code dans la vidéo, c'est un très bon début. Mais que faut-il en faire ? Sur quel appareil devriez-vous le saisir ?

→ 3318

Vous pointez la télécommande sur le combiné et appuyez sur les touches, sans succès : la télécommande ne fonctionne pas.

→ 3339

Rien à signaler sur l'autre face de la télécommande.

→ 3366

Vous retirez les piles usagées de la télécommande, et vous insérez les piles de la lampe torche à la place. Hourra ! L'écran à cristaux liquides et les touches rétroéclairées de la télécommande reviennent à la vie ! À chaque pression sur une des touches, le nom de la fonction correspondante s'affiche sur le petit écran : EJEC pour éjecter, LECT pour lecture, STOP pour stop, SOUS pour sous-titres... En revanche, vous avez beau vous acharner sur la télécommande, rien ne se passe, faute de DVD inséré dans le combiné.

Malgré tout, les inscriptions sur l'écran à cristaux liquides vous semblent dignes d'intérêt :

https://escape-game.larousse.fr/poche/traque/lcd.html

→ 3387

Non, cette télécommande ne sert pas à contrôler le lecteur de badges !

→ 3390

Vous soulevez le clavier et vous découvrez une feuille sur laquelle est imprimée une étrange série de pictogrammes :

Quelle peut bien être la signification de ces symboles ?

→ 3399

Première étape : redonner un coup de jeune à cette télécommande en trouvant un nouveau jeu de piles. Pour la suite, essayez donc d'appuyer très rapidement sur l'une des touches puis sur l'autre.

→ 3627

Vous approchez l'aimant du coffre-fort, ce qui semble déclencher le processus de réinitialisation. Le petit écran LCD indique alors : « Saisissez le code de redémarrage ». Pour saisir ce code, il vous suffit d'additionner la combinaison en question au numéro du paragraphe courant (**3627**), et de vous reporter au nombre alors obtenu.

→ 3639

Le coffre-fort est bien trop massif, impossible de le déplacer.

→ 3660

Inutile, le clavier fonctionne parfaitement.

→ 3699

Le coffre-fort semble en mauvais état : il faudrait le reconfigurer pour parvenir à l'ouvrir. Prométhée a d'ailleurs demandé de l'aide à un ami sur le service de messagerie Quoi2Neuf…

→ 3900

Le clavier utilisé par Prométhée est un modèle AZERTY des plus standards :

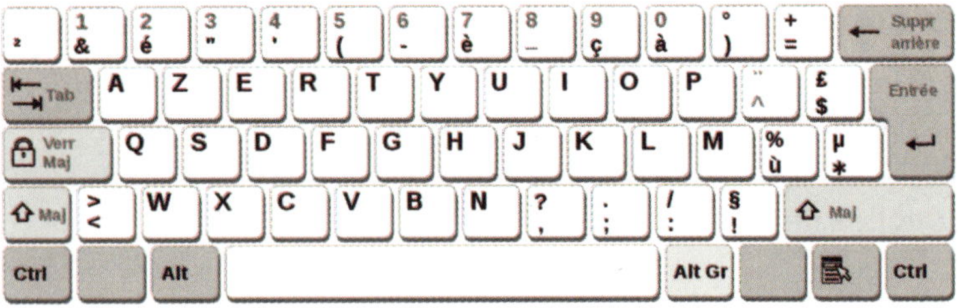

Ah, tiens ! Vous avez bien l'impression qu'une feuille dépasse sous le clavier !

→ 3930

Le clavier et l'ordinateur sont déjà connectés, mais merci de vous en préoccuper.

→ 3969

Non, soyez prudent, la bombe risquerait d'exploser ! Vous ne souhaiteriez pas être responsable d'un cataclysme, si ?

→ 3990

Sous le clavier se cache la combinaison permettant de déverrouiller l'ordinateur. Pour décoder cette suite de symboles, deux éléments doivent vous aider : le clavier lui-même, et une photo présente sur le profil FrontBook de Prométhée, accessible par l'intermédiaire de sa carte de visite.

→ 4020

Dans la maison de retraite de la ville, tout est parfaitement calme. Cette fausse piste vous fait tout de même perdre 10 minutes sur votre chrono.

→ 4040

Le parc des Potamides au centre de la ville est noir de monde, chacun cherchant un peu de fraîcheur par cette canicule. Vous quadrillez les lieux, mais ne découvrez rien d'intéressant. Voilà 10 minutes de perdues sur votre chrono…

→ 4050

Vous arrêtez la circulation sur le pont Céleste à la recherche d'un élément suspect. Rien à signaler... Voilà 10 minutes de perdues sur votre chrono !

→ 4101

Le code PIN attendu pour reconfigurer le badge trouvé dans le manuel se trouve dans la vidéo enregistrée sur le DVD.

→ 4116

Après avoir inséré le badge dans la machine et saisi le code PIN attendu, l'appareil indique : « Badge configuré avec succès ». Bonne nouvelle, vous allez bientôt pouvoir quitter les lieux ! Gardez simplement en tête que dorénavant, pour toutes les actions qui impliquent le badge, vous devrez **retrancher 1000** aux codes obtenus jusque-là, et ce à partir de maintenant.

→ 4418

Désolé, mais c'est vraiment capillotracté…

→ 4539

Le manuel est trop volumineux ! Inutile de le déplacer, autant le consulter sur place.

→ 4566

Parfait, voici donc les instructions nécessaires et indispensables pour désamorcer ce modèle de bombe à impulsion électromagnétique.

> « 5 étapes sont nécessaires pour désamorcer la bombe par l'intermédiaire du panneau de contrôle.
> À chaque étape franchie avec succès, une petite diode verte s'allumera sous les boutons de couleur.
> En cas d'échec à une étape, recommencer toute la procédure depuis le début.
>
> **Première étape**
> Appuyer sur le bouton correspondant à la couleur dont le libellé est actuellement affiché sur l'écran.
>
> **Deuxième étape**
> Appuyer sur le bouton correspondant à la couleur dans laquelle est actuellement affiché le libellé sur l'écran.
>
> **Troisième étape**
> Appuyer sur le bouton correspondant à la couleur dont le libellé était affiché à l'étape 2.

Quatrième étape
Appuyer sur le bouton correspondant à la couleur dans laquelle était affiché le libellé à l'étape 3.

Cinquième étape
Si l'écran indique "rouge" : appuyer sur le même bouton qu'à l'étape 1.
Si l'écran indique "bleu" : appuyer sur le même bouton qu'à l'étape 2.
Si l'écran indique "jaune" : appuyer sur le même bouton qu'à l'étape 3.
Si l'écran indique "vert" : appuyer sur le même bouton qu'à l'étape 4.
Si la procédure est respectée jusqu'au bout, un nombre doit apparaître sur l'écran. »

Vous devrez vous référer au paragraphe en question pour vérifier que la bombe est sécurisée.

→ 4587

Que cherchez-vous à faire ? Détruire le lecteur de badge à coups de manuel ? Allons, allons…

→ 4590

Vous soulevez la machine pour voir s'il n'y aurait pas quelque chose de caché en dessous, mais sans succès.

→ 4599

Une fois le terminal recâblé, vous n'aurez plus qu'à utiliser successivement les trois instructions. Elles sont d'ailleurs proposées dans le bon ordre dans le manuel.

→ 4839

Il ne faut surtout pas y toucher, trop risqué ! Cela risquerait de déclencher l'explosion de la bombe !

→ 4860

La machine n'a pas besoin de ces piles pour fonctionner.

→ 4899

Pour déverrouiller le téléphone portable, le code PIN de Prométhée est nécessaire. Savez-vous qui sont les « deux Trésors » de Prométhée ? Un des mails du hacker (situé dans les messages envoyés) devrait vous en dire plus. Ensuite, convertissez chacune des lettres des prénoms en chiffres grâce au clavier du téléphone.

→ 5001

Qu'attendez-vous pour insérer cette clé USB dans l'ordinateur ? Le logiciel qu'elle contient est indispensable à la suite de votre aventure.

→ 5040

Lorsque vous insérez la clé USB dans l'ordinateur, le programme « Mobile Tracker 2.0 » se lance immédiatement :

https://escape-game.larousse.fr/poche/traque/mobile-tracker.html

Si vous ne parvenez pas à utiliser ce logiciel ou si vous ne savez pas comment interpréter les informations obtenues, utilisez un indice grâce au paragraphe **3013**.

→ 5070

Tout le commissariat est en effervescence suite aux menaces de Prométhée. Rien d'intéressant par ici, vous devriez vous remettre sur la piste du hacker. Votre crochet par le poste de police vous a fait perdre 10 minutes.

→ 5080

La résidence des Alizés fait l'objet d'une fouille complète en bonne et due forme. Rien à signaler, et 10 minutes en moins sur votre chrono.

→ 5239

H4ck3r a besoin de la référence du coffre-fort pour vous répondre. Avez-vous examiné le coffre à la recherche de cette référence. Il suffit ensuite de lui envoyer la réponse.

→ 5291

Vous ouvrez la boîte aux lettres et, comme le mail reçu par Prométhée vous le laissait penser, un colis a été déposé par le facteur. Vous l'ouvrez en toute hâte : il contient le **kit de crochetage** K1 commandé la veille par le hacker.

→ 5390

Pour déplacer le badge vers un objet, vous devez le combiner/l'associer à cet objet.

→ 5423

Excellent ! Vous êtes parvenu à réinitialiser le coffre-fort et à forcer ainsi son ouverture. L'**aimant** AI ne vous servira plus.

À l'intérieur, vous découvrez une **clé USB** US portant une étiquette indiquant « Mobile Tracker ». Il doit s'agir d'un de ces logiciels illégaux dont se servent les hackers pour localiser un téléphone portable à partir de son numéro ! Alors que vous réfléchissez à la meilleure manière d'utiliser ce logiciel, une courte sonnerie retentit dans la pièce : cette notification vous signale la réception d'un nouveau mail sur la messagerie de Prométhée !

→ 5432

Félicitations ! La bombe à impulsion électromagnétique est désormais parfaitement désamorcée. Vous avez su garder votre calme et rester concentré. Il ne vous reste plus qu'à lire la conclusion de cette grande enquête dans les méandres d'Internet et des nouvelles technologies.

→ 5439

Il n'y a qu'un seul endroit où ces câbles peuvent vous servir.

→ 5490

Vous retournez la clé dans tous les sens, sans rien remarquer de particulier à part l'inscription « Mobile Tracker ».

→ 5499

Ces câbles n'ont qu'une seule utilité, plutôt évidente !

→ 5518

Non, non, non ! L'heure tourne : vous n'avez pas le temps d'y aller au hasard. Soyez logique !

→ 5655

Bravo, vous avez reproduit la fréquence d'ouverture des portières de la fourgonnette et vous accédez à la bombe.

La bombe est composée du **téléphone portable** **PO** de Prométhée, qui fait office de détonateur, et de différents composants que vous analyserez plus tard : le plus urgent est de déverrouiller le téléphone pour empêcher toute activation de la bombe à distance.

→ 5730

Le programme installé sur la clé USB n'est pas compatible avec DarkOS.

→ 5739

Il n'y a rien au verso de la carte de visite.

→ 5799

La page FrontBook de Prométhée, dont le lien figure sur la carte de visite (revoir paragraphe **9570**), contient plusieurs informations primordiales dans votre aventure (a minima : une photo et une année).

→ 5870

Vous approchez le badge magnétique configuré du lecteur. Un bip retentit, une petite diode passe au vert, symbole de votre libération. Aussitôt, le sas s'ouvre et votre équipe se presse autour de vous pour vous féliciter ! Vous récupérez votre lampe de poche et ses piles, et un de vos partenaires vous tend un **plan de la ville** **PA** : « Et maintenant, où allons-nous, patron ? » Si vous n'avez pas encore réussi à récupérer dans les données du serveur l'adresse de Prométhée, il va vous falloir retourner interroger le terminal pour dénicher cette précieuse information, indispensable à la suite de votre aventure... Dans le cas contraire, vous devriez pouvoir trouver votre prochaine destination sur la carte.

→ 5900

Honnêtement, à vue d'œil, rien ne permet de distinguer un badge configuré d'un badge vierge.

→ 5990

Maintenant que vous êtes parvenu à configurer le badge, il vous suffit de l'appliquer sur le lecteur près du sas d'entrée pour sortir !

→ 6000

Vous et votre équipe vous rendez à l'église de la Miséricorde dans le nord de la ville. Vous quadrillez la zone, mais vous ne repérez rien de suspect. Voilà qui vous a fait perdre 10 précieuses minutes sur votre chrono…

→ 6020

Vous reprenez la route avec votre équipe, en direction de la zone industrielle ! Sur place, vous repérez une fourgonnette suspecte au détour d'une rue. À ce stade, une vérification s'impose : avez-vous bien avec vous le guide de désamorçage, qui sera indispensable à la suite de votre aventure ? Si oui, vous pouvez consulter le chapitre S3 et tenter de contrer les plans de Prométhée. Sinon, vous êtes certainement venus ici par hasard. Revenez sur vos pas et tentez avant tout de localiser la planque du hacker.

→ 6050

Vous évacuez le théâtre au beau milieu d'une représentation et votre équipe fouille les lieux, sans succès, vous faisant perdre 10 minutes sur votre chrono.

→ 6232

Pour savoir où vous diriger après avoir quitté la salle des serveurs, il est impératif de connaître l'adresse de Prométhée. Pour cela, interrogez le terminal des serveurs.

→ 6248

Maintenant que le terminal est correctement relié aux serveurs (vous pouvez rayer les **câbles** CA de votre liste d'objets), l'ordinateur principal redémarre. Vous vous retrouvez face à une interface en ligne de commandes très austère qui semble attendre des instructions :

https://escape-game.larousse.fr/poche/traque/console.html

Vous le savez, les informations qui vous permettront de localiser Prométhée sont cachées quelque part dans cette machine. Il ne vous reste plus qu'à trouver la bonne suite de commandes pour les dénicher. N'abandonnez pas tant que vous n'avez pas obtenu l'adresse du hacker !

→ 6270

Mauvaise idée, ça ne ferait que totalement démagnétiser le badge…

→ 6327

Ne jamais mettre en contact un aimant et des composants électroniques. Jamais !

→ 6339

Vous présumez de votre force !

→ 6344

Le manuel DarkOS doit effectivement vous servir pour comprendre comment fonctionne le terminal. Vous devriez le parcourir attentivement.

→ 6354

Vous avez raison, il est temps de recâbler le terminal ! Il va vous falloir faire preuve de réflexion : il faut effectuer les branchements de façon à relier deux prises d'une même couleur avec le câble correspondant, tout en faisant en sorte que les câbles ne se croisent jamais. Sur le schéma ci-dessous, les câbles doivent suivre les tracés imposés par les carrés.

Une fois le câblage proprement réalisé, les câbles vert, orange, jaune et bleu passeront sur 4 chiffres dans la grille, qui vous donneront, dans cet ordre, la combinaison permettant de vérifier si le terminal répond à nouveau !

→ **6390**

Le verso du badge est totalement blanc.

→ 6399

Pour exploiter les données des serveurs, il vous faudra successivement reconstituer le câblage et saisir les bonnes instructions. Le manuel posé sur le bureau devrait vous être d'une grande aide.

→ 6583

Si quelqu'un s'amuse à raconter sur Internet que vous avez eu cette idée tordue, vous allez devenir la risée des réseaux sociaux…

→ 6609

La tension des piles est proche de 1,5 V, merci d'avoir vérifié.

→ 6627

Ça n'a strictement aucun effet…

→ 6639

Vous pouvez les déplacer, mais pour les mettre dans quel appareil ?

→ 6669

C'est très dangereux de jouer avec une bombe à impulsion électromagnétique de cette façon !

→ 6678

Très bien, vous remettez donc les piles dans la lampe de poche.

→ 6699

Si vous les avez retirées de la lampe de poche, vous savez très certainement où les insérer.

→ 6806

Avec cette combinaison, le cadenas s'ouvre aussitôt et l'intérieur de l'armoire révèle des **câbles de couleur** CA ainsi qu'un **DVD** VE posés sur une étagère. Un peu plus bas, une **petite machine** NE attire votre attention. Il semblerait bien qu'il s'agisse d'un de ces appareils qui permettent de configurer des badges magnétiques…

→ 6870

Vous passez devant le lecteur le badge magnétique trouvé dans le manuel. Un bip retentit, une diode rouge s'allume et le texte « Badge non reconnu » s'affiche sur le petit écran à cristaux liquides du lecteur. Évidemment, ç'aurait été trop simple !

→ 6900

Ce badge magnétique blanc a le format d'une carte de crédit. Il est orné du logo ci-contre.

→ 6990

Rien à faire, il va falloir trouver un moyen de configurer ce badge.

→ 6999

La référence du convertisseur est indispensable pour pouvoir désamorcer la bombe. Dans l'obscurité ambiante, un objet en votre possession depuis le début de l'aventure devrait vous aider.

→ 7040

Lorsque vous arrivez à l'hôtel de ville, le maire d'Alsetville vous demande des précisions sur l'avancée de vos investigations. Cette conversation vous fait perdre 10 bonnes minutes sur votre chrono.

→ 7080

Dans le jardin botanique, votre équipe de recherche fait chou blanc. Vous perdez 10 précieuses minutes sur votre chrono.

→ 7101

Après avoir déverrouillé le téléphone portable, il vous faudra prendre une mesure sur la batterie (vous avez normalement l'appareil de mesure adapté en votre possession) et déchiffrer une référence (malgré la nuit tombée...). Suivez ensuite pas à pas les indications contenues dans le guide pour désamorcer la bombe.

→ 7128

En repérant les antennes sur le plan de la ville et en reportant les distances données par le logiciel (fiez-vous à l'échelle sous la carte), vous devriez localiser la position de Prométhée : un seul point d'intérêt peut correspondre. Il ne vous reste plus qu'à vous y rendre !

→ 7466

Vous êtes totalement à côté de la plaque !

→ 7518

Vous insérez le disque dans le combiné TV-DVD du bureau. Vous n'avez même pas besoin de la télécommande, car une vidéo se lance aussitôt :

https://escape-game.larousse.fr/poche/traque/video.html

La vidéo dure une quarantaine de secondes, et vous ne distinguez dans un premier temps que de curieuses images abstraites composées de lignes parallèles et de carrés noirs. Et si finalement tout n'était question que de point de vue ? Si vous ne parvenez pas à déchiffrer le code contenu dans la vidéo, un indice vous attend au paragraphe **8202**...

→ 7539

Rien à signaler sur l'autre face du DVD.

→ 7590

Aucun problème, vous l'emportez avec vous jusqu'à ce que vous soyez face à la bombe !

→ 7599

Une fois la vidéo lancée, un arrêt sur image sera nécessaire (ne passez pas à côté de l'inscription au marqueur sur le DVD). Orientez alors votre écran de façon à voir un texte se former ! Pour certaines personnes, cela pourra d'ailleurs s'avérer plus facile en fermant un œil.

→ 7839

Vous secouez la lampe de poche et vous entendez le bruit des piles qui s'entrechoquent.

→ 7869

Grâce au faisceau lumineux de la lampe de poche, vous parvenez à déchiffrer la référence du convertisseur : c'est un modèle **4326**.

→ 7899

Cette lampe de poche vous sera d'une grande utilité à la nuit tombée. En attendant, il se pourrait bien qu'elle contienne un autre élément précieux pour votre aventure.

→ 8001

Cette boîte aux lettres est vide à votre arrivée, mais vous recevrez bientôt, par mail, une notification vous informant de la réception d'un colis. Le numéro de suivi vous servira alors à récupérer votre colis.

→ 8010

En voiture, vous vous rendez dans le nord-est de la ville. Vous fouillez l'immeuble Petit-Ciel, mais vous ne repérez rien de suspect. Voilà qui vous a fait perdre 10 précieuses minutes sur votre chrono…

→ 8030

Alors que votre équipe investit le zoo, les animaux assistent au plus grand déploiement policier de l'histoire d'Alsetville. Rien à signaler au final, et 10 minutes en moins sur votre chrono…

→ 8060

En ce mois d'août, l'université Turing est presque déserte. Vous ne trouvez rien de suspect par ici, même si le doyen vous informe qu'un convertisseur haute tension a été dérobé la nuit dernière dans les laboratoires scientifiques. Cette opération vous aura fait perdre 10 précieuses minutes sur votre chrono.

→ 8202

TROIS MILLE…

À 00:32, un arrêt sur image vous permet de visualiser un motif. En penchant la tête pour faire pivoter le texte et en forçant la perspective (et en fermant un œil si nécessaire), vous commencez à visualiser les premiers mots ci-contre. Parvenez-vous désormais à déchiffrer les mots manquants ?

→ 8418

Ouf, le téléphone est déverrouillé ! Vous pouvez désormais l'éteindre en toute sécurité et le déconnecter de la bombe. Il est temps de s'intéresser au reste du dispositif. La bombe est alimentée par une **batterie** RI reliée à un **convertisseur haute tension** HA. La partie centrale, le cœur de l'engin, est constituée d'un large solénoïde, un épais fil de cuivre enroulé plusieurs centaines de fois autour d'un axe et capable de générer le champ électromagnétique qui pourrait détruire tous les circuits électriques alentour. Il va falloir être très prudent en manipulant la bombe ! L'ensemble est piloté par un panneau de contrôle composé de quatre boutons de couleur, d'un écran à cristaux liquides et de quelques diodes :

https://escape-game.larousse.fr/poche/traque/bombe.html

Comment s'y prendre pour désamorcer cette installation en toute sécurité ?

→ 8421

Vous ne savez pas par quel bout prendre l'analyse de la boîte mail de Prométhée ? Pour commencer, il serait bon de consulter le mail intitulé « Nouveau message privé reçu sur Quoi2Neuf » : un dénommé H4ck3r a semble-t-il trouvé un moyen de réparer le coffre-fort de Prométhée, qui contient peut-être des informations intéressantes. Pour visualiser le message de H4ck3r, vous devez d'abord parvenir à vous connecter sur le site Quoi2Neuf accessible par l'intermédiaire d'un lien contenu dans le mail. Si vous ne savez pas comment procéder pour vous connecter, un nouvel indice vous attend au chapitre **2912**.

→ 8439

D'un solide coup d'épaule, vous faites bouger l'armoire de quelques centimètres, suffisamment pour déloger les morceaux de papier coincés sous le pied du meuble. Ces deux petits papiers n'ont sans doute pas été placés l'un sur l'autre par hasard ! Les symboles tracés sur ces feuilles pourront-ils vous aider ?

→ 8490

Impossible, elle est trop solidement fixée au mur.

→ 8499

Le code du cadenas de l'armoire métallique a un rapport avec les deux papiers coincés sous l'un de ces pieds. Que vous évoquent ces symboles ? Le fait qu'ils soient superposés est primordial !

→ 8739

Il est solidement fixé au mur.

→ 8799

Pour venir à bout de ce lecteur de badge et ouvrir le sas, pas d'autre solution que de trouver un badge correctement configuré.

→ 8821

Avec de telles idées, vous allez vous attirer les foudres de Prométhée... Et ça ne présage rien de bon !

→ 8880

Vous éclairez l'intérieur de la boîte aux lettres, au cas où une lettre ou un colis vous ait échappé. Malheureusement, la boîte est bel et bien vide... pour l'instant.

→ 9030

Cette fourgonnette blanche aux vitres sombres a servi à Prométhée pour transporter la bombe de son atelier à la zone industrielle.

→ 9060

Sur ce tiroir de bureau est scotchée une étiquette qui indique : « factures ».

→ 9090

C'est un appareil qui permet de mesurer la tension entre deux points. Il se compose de deux fils et d'un cadran à aiguille. En mettant en contact les fils avec deux endroits différents d'un circuit électrique, on peut lire la tension qui sépare ces deux points sur le cadran.

→ 9120

Cette batterie, de taille imposante, est reliée au convertisseur haute tension. Impossible de deviner d'un simple coup d'œil la tension que la batterie délivre.

→ 9150

Proposé dans un étui, ce kit est composé d'une dizaine d'outils.

→ 9180

Un modèle aujourd'hui un peu dépassé technologiquement parlant, mais qui a l'air de fonctionner. Il faudrait avoir un DVD sous la main pour s'en assurer.

→ 9240

Vous parcourez rapidement les factures téléphoniques de l'opérateur Telsa Telecom :

Telsa TELECOM

Date de facture : 22/07/2018
Numéro de facture : FA2018073221

Numéro de client : 000035283394
Numéro de portable : **5553226**

M. TRISTAN CLAVETTE
MANOIR DE L'AIGUILLE
ALSETVILLE

Vos communications du 22/06 au 21/07

Montant à prélever le 05/08/2018

→ 9270

En testant l'aimant sur le montant métallique de l'établi, vous vous rendez compte qu'il est relativement puissant.

→ 9327

Ne jamais mettre en contact un aimant et des composants électroniques. Jamais !

→ 9330

Il s'agit d'une petite télécommande, avec un écran LCD intégré. En l'état, elle ne semble pas fonctionner : l'écran reste désespérément éteint et les touches ne répondent pas. Peut-être que les piles de la télécommande sont mortes ?

→ 9339

L'ordinateur est bien trop massif pour être déplacé.

→ 9354

Vous avez ramené les câbles jusqu'ici ? Mais pourquoi faire ? L'ordinateur fonctionne très bien !

→ 9360

Ce coffre-fort est fabriqué dans un acier massif, impossible de le forcer... Sur le côté du coffre, vous notez la référence suivante : Z549678.

→ 9373

Non, ça n'a absolument aucun sens... Un fou furieux s'apprête à faire sauter une bombe à impulsion électromagnétique, ne l'oubliez pas ! Ressaisissez-vous !

→ 9374

Mais que faites-vous encore avec ce DVD ? Il ne va plus vous servir maintenant.

→ 9399

La combinaison permettant de déverrouiller l'ordinateur est sous le clavier. Pour décoder cette suite de symboles, deux éléments doivent vous aider : le clavier lui-même, et une photo présente sur le profil FrontBook de Prométhée, accessible par l'intermédiaire de sa carte de visite.

→ 9420

Cette machine possède une fente, dans laquelle le badge à configurer doit vraisemblablement être inséré, ainsi qu'un clavier numérique et un écran à cristaux liquides.

→ 9432

Avez-vous bien consulté le mail reçu par Prométhée lorsque vous avez ouvert le coffre-fort ? Il devrait vous permettre d'obtenir un objet indispensable pour ouvrir le tiroir du bureau, qui contient des indications sur le numéro de portable de Prométhée…

→ 9450

Alors que vous entreprenez de vous plonger dans la lecture de ce passionnant manuel, vous remarquez, coincé entre les pages, un **badge magnétique** BA ! Votre sésame pour sortir d'ici, sans aucun doute ! Vous glissez le précieux badge dans votre poche et vous remarquez alors qu'il était placé entre deux pages fort intéressantes :

> Taper la commande et appuyer sur « Entrée » pour visualiser le résultat de l'instruction saisie :
>
> **list**
>
> Cette commande permet d'afficher l'ensemble des sites et forums hébergés sur un serveur. Pour chaque site hébergé, vous pouvez visualiser la taille de l'espace disque occupé par les données, ainsi que le nom du fichier contenant l'historique des connexions.
>
> **show *nomdefichier.log***
>
> En remplaçant dans cette commande *nomdefichier.log* par le nom du fichier de log d'un forum donné, vous pourrez parcourir l'historique des dernières connexions à ce site. Pour chaque connexion, vous pouvez visualiser l'heure de connexion, le pseudonyme de la personne connectée, ainsi que son adresse IP (suite de chiffres séparés par des points identifiant de manière unique un ordinateur). Par exemple, pour consulter l'historique des connexions du fichier **forum.log**, il faut taper la commande : **show forum.log**
>
> **whois *adresseIP***
>
> En remplaçant dans cette commande *adresseIP* par l'adresse IP d'un utilisateur, vous pourrez accéder à son identité ainsi qu'à son adresse.
>
> Par exemple, pour obtenir des informations sur l'adresse IP 123.456.789.123, il faut taper la commande : whois 123.456.789.123

→ 9480

Il s'agit du téléphone portable de Prométhée qui vous a permis de localiser la bombe. Il est relié au reste du dispositif par un câble, et vous ne voulez pas prendre le risque de le déconnecter de la bombe sous peine d'en déclencher l'explosion. Le plus sûr est de commencer par déverrouiller le portable, pour pouvoir ensuite l'éteindre en toute sécurité. Malheureusement, le téléphone est protégé par un code PIN à 4 chiffres :

Quel peut bien être le code en question ?

→ 9510

Cette clé USB, qui porte une étiquette indiquant « Mobile Tracker », affiche une capacité de 128 Go.

→ 9540

Ces câbles colorés sont utilisés en informatique pour relier entre eux des ordinateurs. Vous en avez trouvé cinq, de couleurs variées.

→ 9570

Vous inspectez la carte de Tristan Clavette, alias Prométhée :

Visiblement, le hacker dispose d'un profil sur le réseau social FrontBook. Vous trouvez rapidement sa page personnelle :

https://escape-game.larousse.fr/poche/traque/frontbook.html

Se pourrait-il qu'elle contienne des informations ?

→ 9630

Le terminal principal des serveurs ne répond pas ! Et pour cause : en y regardant de plus près, vous remarquez que des câbles ont été arrachés...

Un sabotage perpétré par les administrateurs du forum avant qu'ils ne quittent les lieux, sans doute ? Quoi qu'il en soit, à moins de tout recâbler, ce terminal est inutilisable en l'état…

→ 9639

Pas de souci, vous pouvez l'emporter avec vous.

→ 9660

Des piles bâton AA de 1,5 volt.

→ 9690

Ce composant électrique permet de délivrer des tensions allant jusqu'à plusieurs centaines de milliers de volts ! Il existe différents modèles, mais la nuit est tombée et l'obscurité à l'arrière de la fourgonnette vous empêche de discerner clairement la référence du produit.

→ 9699

Vous devrez utiliser ce plan à deux reprises, pour déterminer votre destination suivante. Pour savoir comment localiser le repère de Prométhée après avoir quitté la salle des serveurs, consultez le paragraphe **6232**. Pour savoir comment localiser la bombe après avoir quitté le repère de Prométhée, consultez le paragraphe **1938**.

→ 9750

Vous saisissez le DVD trouvé dans l'armoire. Sur le disque, vous distinguez une indication écrite au marqueur noir :

→ 9780

Votre précieuse lampe torche vous accompagne dans tous vos déplacements depuis votre entrée au SAINT. Pour être totalement complète, elle fonctionne avec deux piles AA.

→ 9810

C'est une boîte-aux-lettres normalisée sans serrure, suffisamment grande pour recevoir des colis. Quelques prospectus en dépassent.

→ 9840

La grande armoire métallique qui vous fait face possède deux rideaux coulissants, verrouillés par un cadenas qui attend une combinaison à 4 chiffres. Alors que vous vous approchez, vous distinguez, coincés sous un des pieds de l'armoire, des petits bouts de papier…

→ 9870

Il s'agit du même lecteur que de l'autre côté du sas. Il faut passer un badge magnétique devant ce lecteur pour pouvoir ouvrir la porte.

→ 9930

Vous tentez de vous connecter à l'ordinateur, qui pourrait certainement vous livrer de précieuses informations sur Prométhée. Malheureusement, l'accès au système est protégé par un code à 4 chiffres.

→ 9999

Vous saisissez le plan de la ville. Sur la carte, plusieurs points d'intérêt majeur sont localisés. La position des principales antennes de téléphonie mobile pourra peut-être également vous aider au cours de votre aventure. Pour vous rendre dans un des points d'intérêt de la ville, il vous suffit de vous référer au paragraphe obtenu en associant, dans cet ordre, le numéro de la colonne (en rouge) puis le numéro de la ligne (en bleu) où se situe le point en question.

POINTS D'INTÉRÊT

A	Hôtel de ville	**K**	Zone industrielle
B	Bureau de poste	**L**	Cimetière
C	Gare de Borée	**M**	Immeuble Petit-Ciel
D	Manoir de l'Aiguille	**N**	Hôpital central
E	Théâtre L'Acropole	**O**	Résidence des Alizés
F	Lieu-dit « Le Moulin »	**P**	Cité Palacio
G	Maison de retraite	**Q**	Parc des Potamides
H	Commissariat	**R**	Zoo
I	Université Turing	**S**	Pont Céleste
J	Eglise de la Miséricorde	**T**	Jardin botanique

RÉSEAU TÉLÉCOM

Antenne	Localisation
AL-028-01	Accueil de l'Hôpital central
AL-028-02	Toit du Commissariat
AL-654-01	Grande tour de la Gare de Borée
AL-432-01	Clocher de l'église de la Miséricorde
AL-817-01	Sommet de l'immeuble Petit-Ciel
AL-981-01	Bâtiment principal de l'Université

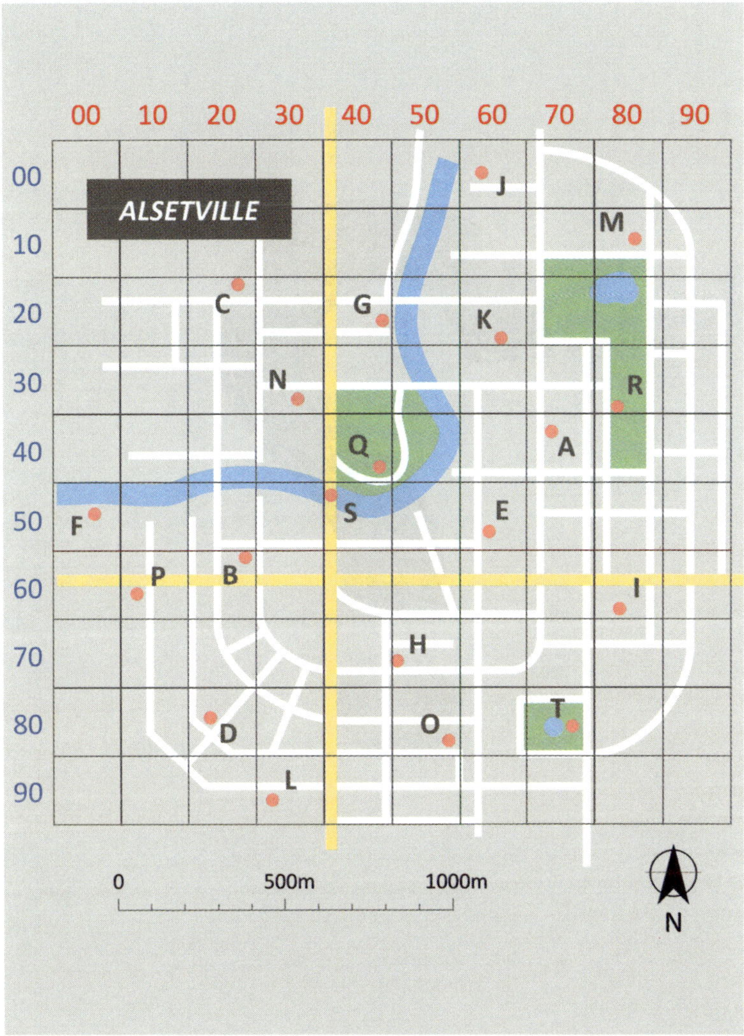
ALSETVILLE
00
10
20
30
40
50
60
70
80
90
00
10
20
30
40
50
60
70
80
90
J
M
C
G
K
N
R
Q
A
S
E
F
P
B
I
H
T
O
D
L
0
500m
1000m
N

CONCLUSION

Attention ! Ne lisez le paragraphe suivant que si vous y avez été expressément invité !

Trempé de sueur, vous vous asseyez à l'arrière de la fourgonnette.

Juste derrière vous, la bombe à impulsion électromagnétique construite par Prométhée, et brillamment neutralisée par vos soins, n'émet plus la moindre lumière. Seul, dans l'obscurité de cette zone industrielle, vous expirez à fond pour relâcher enfin la pression accumulée au cours des dernières heures.

Vous avez sauvé la ville et les environs d'une catastrophe d'une ampleur inédite.

Alors que vous repensez au déroulement de cette journée, vous réalisez une fois de plus l'omniprésence et la puissance périlleuse de la technologie, source de confort, d'avancées et de promesses, mais vulnérable à tant de failles et de malversations.

La vibration de votre téléphone vous tire de vos rêveries. Votre équipe est parvenue à interpeller Prométhée au terme d'une course-poursuite à travers la ville.

Les technologies les plus prometteuses continueront d'être détournées et utilisées à mauvais escient. Mais vous et votre équipe du SAINT serez toujours là, prêts à mettre à profit ces mêmes technologies dans le but de veiller et protéger.

Votre score

Pour calculer votre score, basez-vous sur votre chrono et sur le nombre d'indices utilisés au cours de la partie :

• Si vous avez terminé l'aventure en :

	Moins de 80 min	Moins de 100 min	Moins de 120 min	Plus de 120 min
Aucun indice	★★★★★	★★★★½	★★★★☆	★★★☆☆
1 indice	★★★★½	★★★★☆	★★★½☆	★★½☆☆
2 indices	★★★★☆	★★★½☆	★★★☆☆	★★☆☆☆
3 indices ou +	★★★½☆	★★★☆☆	★★½☆☆	★½☆☆☆

• Si vous n'avez pas terminé l'aventure : vous ferez mieux une prochaine fois !

SOLUTIONS

Salle S1 - La salle des serveurs

EXMI (**9630**) – Il faudrait recâbler le terminal pour pouvoir accéder aux données.

EXAR (**9840**) – Vous remarquez des morceaux de papier coincés sous l'un des pieds de l'armoire métallique, dont les portes sont verrouillées par un cadenas à code.

DEAR (**8439**) – Vous récupérez deux bouts de papier posés l'un sur l'autre qui évoquent les touches d'une télécommande :

EXTE (**9330**) – La télécommande ne réagit pas : ses piles sont usagées. Vous pourriez les remplacer par celles de votre lampe torche !

OULA (**2880**) – En dévissant la lampe, vous récupérez **deux piles** **PI**...

PITE (**3366**) – ... que vous insérez aussitôt dans la télécommande !

En appuyant sur chacune des touches, le libellé de la fonction en question apparaît sur l'écran pendant quelques secondes.

En appuyant sur la touche ▶, le mot LECT (lecture) apparaît :

En appuyant sur la touche ..., c'est SOUS (sous-titres) qui s'affiche :

Les papiers empilés trouvés sous l'armoire vous invitent à superposer ces deux mots. En appuyant rapidement sur une touche puis sur l'autre de la télécommande, c'est d'ailleurs ce qu'il se passe. Vous voyez alors apparaître le code **6806**.

6806 – À l'intérieur de l'armoire, vous trouvez des **câbles** CA, un **DVD** VE et une **machine servant à configurer les badges magnétiques** NE.

CAMI (**6354**) – Le seul branchement permettant de relier les prises de même couleur sans que les câbles ne se croisent est le suivant :

La combinaison attendue est donc **6248**.

6248 – Une fois les branchements réalisés, le terminal redémarre.

Le message au lancement du programme DarkOS vous invite à vous référer au manuel du système d'exploitation.

EXMA ou **OUMA** (**9450**) – Dans le manuel, vous découvrez un **badge magnétique** **BA** qui vous sera utile pour la suite. Grâce aux instructions contenues dans le livre, vous devriez être en mesure d'arracher les informations nécessaires du terminal principal.

Dans l'interface DarkOS, vous tapez successivement les commandes suivantes :

• **list** : cette commande vous permet de visualiser tous les forums hébergés sur ces serveurs. Sur la ligne *Darkfoot*, vous trouvez le nom du fichier qui contient l'historique de connexion des utilisateurs : **df.log**

• **show df.log** : dans l'historique des dernières connexions au forum, vous repérez le nom de Prométhée et juste en face, l'adresse IP de son ordinateur : **241.150.32.118**.

• **whois 241.150.32.118** : vous permet d'accéder à l'adresse de Prométhée : **Le manoir de l'Aiguille**.

BALE (**6870**) – Le badge ne semble pas initialisé.

BANE (**1000**) – Un code PIN est demandé par la machine pour configurer un nouveau badge. Pour saisir ce code à quatre chiffres, il faut ajouter le numéro du paragraphe courant

(**1000**) à la combinaison en question et se reporter au chiffre ainsi obtenu. Quel peut bien être ce code secret ? Le seul objet que vous n'ayez pas encore utilisé est le **DVD** **VE**.

EXVE (**9750**) – Sur le DVD, une écriture au marqueur indélébile vous suggère de faire une pause à 00:32.

VECO (**7518**) – Une vidéo se lance. À 00:32, un arrêt sur image vous permet de visualiser le motif suivant :

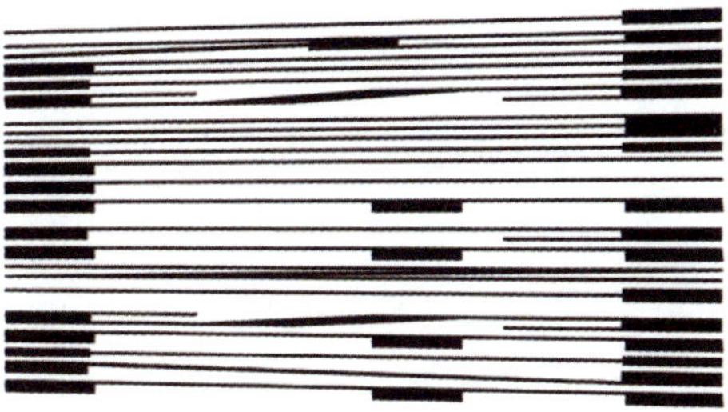

En regardant depuis le côté gauche de l'écran pour forcer la perspective (et en fermant un œil si nécessaire), vous lisez les mots **TROIS MILLE CENT SEIZE**. Vous vous reportez donc au paragraphe **4116** (**3116** + **1000**) pour paramétrer le badge.

4116 – Le badge est bien configuré ! Dorénavant, pour toute action qui implique ce badge, vous devez retrancher **1000** aux codes jusque-là obtenus.

L'action **BALE** permettant d'utiliser le **badge** **BA** sur le **lecteur** **LE** a pour code initial **6870**. Maintenant que le badge est configuré, vous consultez le paragraphe **5870** (**6870** – **1000** = **5870**).

5870 – La porte s'ouvre et vous retrouvez vos équipiers, qui vous tendent un **plan de la ville** **PA**.

EXPA (**9999**) – Dans la liste des lieux d'intérêt, vous repérez le manoir de l'Aiguille (**marqueur D**). Il est situé dans la colonne portant le numéro **20** (en rouge) et dans la ligne **80** (en bleu). Vous vous rendez donc au paragraphe **2080** (rouge puis bleu).

2080 – Vous voilà devant l'atelier de Prométhée, que vous explorez par l'intermédiaire du chapitre **S2**.

Salle S2 - Le repère de Prométhée

OUBO (**2000**) – La boîte aux lettres ne contient pour l'instant que quelques prospectus sans intérêt.

OUFO (**2460**) – Vous n'avez pas plus de chance en essayant d'ouvrir le coffre-fort, en piteux état.

OUTI (**2160**) – La tentative d'ouverture du tiroir se solde par un troisième échec : le tiroir est fermé à clé.

EXDI (**9930**) – L'ordinateur est protégé par un mot de passe : il ne vous révélera pas ses secrets aussi facilement. Décidément...

EXVI (**3900**) – Le clavier est un modèle AZERTY tout ce qu'il y a de plus standard.

DEVI (**3390**) – Sous le clavier, vous découvrez cette série de symboles :

Il va vous falloir déchiffrer ce message codé.

EXSI (**9570**) – Vous visitez le profil FrontBook de Tristan Clavette, alias Prométhée. Sur cette page, vous découvrez une photo qui contient le dessin suivant :

Vous remarquez que certains symboles sont identiques à ceux contenus dans le message codé, qu'il y a très exactement 26 logos et que la disposition des pictogrammes ressemble étrangement à celle des touches alphabétiques d'un clavier AZERTY :

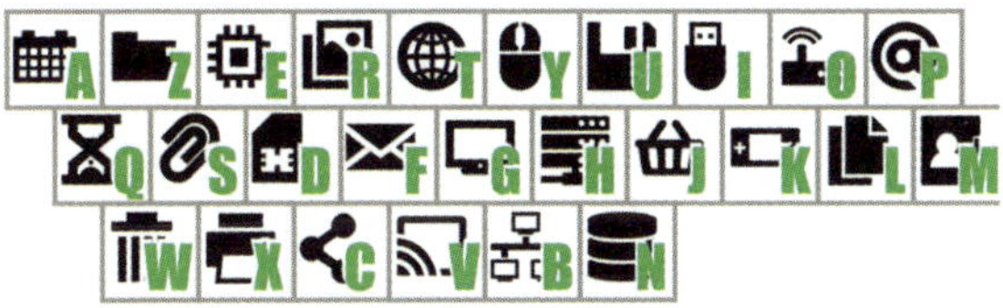

Cette correspondance entre les symboles et les lettres vous permet de déchiffrer le message codé :

2012 – Parmi les mails de la boîte de réception, celui qui fait référence à un nouveau message privé reçu sur le site « Quoi-2Neuf » attire votre attention. Le dénommé H4ck3r a en effet trouvé un moyen d'ouvrir le coffre-fort cassé de Prométhée.

Vous suivez donc le lien contenu dans le mail et vous arrivez sur une page vous demandant de vous connecter. Il va falloir trouver les identifiants de Prométhée pour vous authentifier.

Si vous connaissez son adresse e-mail (**promethee@darkweb.com**), qui figure sur sa carte de visite ou en en-tête de sa boîte mail, vous ignorez quel peut être son mot de passe… Vous contournez le problème en demandant un nouveau mot de passe par l'intermédiaire du lien « **Mot de passe oublié** » en bas du formulaire de connexion. Vous arrivez sur une page vous demandant de renseigner une adresse e-mail et les réponses à deux questions secrètes :

• L'adresse e-mail à renseigner est celle de Prométhée : **promethee@darkweb.com** ;

• La réponse à la question secrète « Votre signe astrologique » est : **capricorne**. En effet, un mail contenu dans la boîte de réception de Prométhée lui dévoile son horoscope du jour.

• La réponse à la question secrète « Votre année de naissance » est : **1991**. Cette information se trouve sur la page FrontBook de Prométhée (rubrique « À propos »).

Après avoir saisi ces réponses, un message vous informe qu'un nouveau mot de passe vous a été envoyé. Vous retournez donc sur la boîte mail de Prométhée et vous rechargez la page (en cliquant sur le bouton « Actualiser ») : un nouveau mail apparaît ! Il contient le nouveau mot de passe suivant : **4pxNghTa.** Vous cliquez donc sur le lien vous invitant à vous connecter, et vous saisissez :

- le mail de Prométhée : **promethee@darkweb.com**
- le nouveau mot de passe : **4pxNghTa**

Vous êtes désormais connecté ! Dans la conversation, H4ck3r a besoin de la référence du coffre.

EXFO (**9360**) – Vous trouvez la référence en question : **Z549678**. Dans la conversation avec H4ck3r, vous saisissez par exemple le message : « La référence est Z549678. » Il vous donne alors une procédure pour vous permettre de déverrouiller le coffre-fort : il faut d'abord appliquer un aimant sur le coffre, puis composer le code **1796**.

AIFO (**3627**) – En approchant l'aimant du coffre-fort, un code est effectivement attendu pour forcer l'ouverture. Il faut donc vous reporter à la combinaison **5423** (**3627** + **1796** = **5423**).

5423 – À l'intérieur du coffre, vous trouvez une **clé USB** **US**. Au même instant, une sonnerie vous notifie l'arrivée d'un nouveau mail sur le compte de Prométhée. Vous réactualisez la page correspondant à la messagerie : le nouveau mail vous informe de la livraison d'un colis dans la boîte aux lettres. Le numéro de suivi est le **3291**.

Vous aviez ouvert facilement la boîte aux lettres avec l'action **OUBO** (paragraphe **2000**) en arrivant sur les lieux. Elle était alors vide. Désormais, grâce au numéro de suivi du colis, vous consultez le paragraphe **5291** (**2000** + **3291**).

5291 – Vous avez reçu un **kit de crochetage de serrures** KI.

KITI (**1506**) – À l'intérieur du tiroir ouvert à l'aide du kit de crochetage, vous trouvez des **factures** FA et un **guide de désamorçage** GU.

EXFA (**9240**) – Sur la facture, vous découvrez le numéro de téléphone portable de Prométhée : **5553226**.

USDI (**5040**) – Vous insérez la clé USB dans l'ordinateur. Le programme « Mobile tracker » se lance automatiquement : il permet de localiser un téléphone portable à partir de son numéro. Vous saisissez le numéro de téléphone 5553226 et vous obtenez la localisation suivante :

- Antenne AL-654-01 à 800 m
- Antenne AL-028-02 à 1 000 m
- Antenne AL-817-01 à 500 m

EXPA (**9999**) – Vous repérez ces trois antennes sur la carte :

- L'antenne AL-654-01 correspond au point **C** ;
- L'antenne AL-028-02 correspond au point **H** ;
- L'antenne AL-817-01 correspond au point **M**.

En reportant les distances sur la carte en vous basant sur l'échelle, un seul point correspond : le point **K** (la **zone industrielle**).

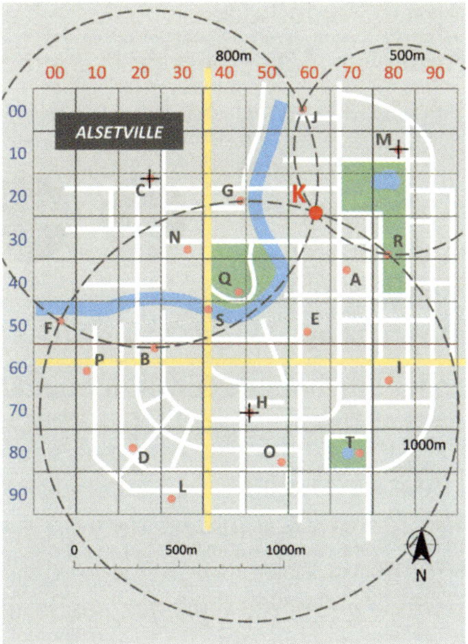

Ce point est situé dans la colonne portant le numéro **60** (en rouge) et dans la ligne **20** (en bleu). Vous vous rendez donc au paragraphe **6020** (rouge puis bleu).

6020 – Vous avez localisé Prométhée : vous pouvez lire le chapitre S3.

Salle S3 - La bombe

OUGO (**2130**) – Vous essayez de pirater la fréquence d'ouverture des portières. Trois boutons vous permettent de modifier le tracé de la courbe :

- Le premier impacte l'amplitude verticale de la courbe ;
- Le deuxième influe sur l'étalement de la courbe ;
- Le troisième décale la courbe vers la gauche.

La position ci-contre des boutons permet de superposer parfaitement les deux courbes : vous obtenez ainsi la combinaison **5655**, visible sur l'écran du détecteur de fréquence.

5655 – Vous accédez à la bombe, constituée notamment d'un **téléphone portable** P0 faisant office de détonateur.

EXPO (**9480**) – Pour déverrouiller le téléphone, un code PIN est attendu. Une indication vous est donnée au travers du mémo : « La somme de mes deux Trésors ». Plus tôt dans l'aventure, vous aviez repéré, dans les mails envoyés par Prométhée, un texte à l'attention de son ex-femme. Le message se terminait par la phrase : « Embrasse pour moi nos deux petits bouts, Elsa et Hugo, mes deux Trésors ». Comment alors additionner ELSA et HUGO ? Le clavier du téléphone portable constitue la clé de l'énigme :

Pour écrire « ELSA », il faut saisir successivement les chiffres 3 (la touche correspondant à la lettre E), 5 (lettre L), 7 (lettre S) et 2 (lettre A), soit le nombre **3572**. « HUGO » correspond de son côté au nombre **4846**. En faisant la somme, on obtient **8418** (**3572** + **4846** = **8418**).

8418 – Maintenant que le détonateur à distance est sécurisé, il faut comprendre comment se désamorce la bombe. Pour cela, vous vous référez au guide de désamorçage trouvé chez Prométhée.

OUGU ou **EXGU** (**2820**) – Le manuel vous incite à vérifier la tension de la batterie et à relever la référence du convertisseur.

VORI (**1290**) – En appliquant le voltmètre sur la batterie, vous obtenez la valeur **240 (volts)**.

EXHA (**9690**) – La nuit tombe et vous ne parvenez pas à distinguer la référence indiquée sur le convertisseur haute tension.

LAHA (**7869**) – Votre lampe torche vous permet de visualiser la référence en question : **4326**. Vous additionnez les deux informations comme conseillé par le guide de désamorçage, et vous obtenez le nombre **4566** (**240** + **4326** = **4566**).

4566 – Vous avez désormais sous la main les informations nécessaires pour désamorcer la bombe. Vous suivez les cinq étapes nécessaires pour y parvenir :

- **Étape 1 :** il faut appuyer sur le bouton de la couleur correspondant au libellé affiché. Par exemple, si l'écran indique **BLEU**, il faut appuyer sur le bouton bleu.

- **Étape 2 :** il faut appuyer sur le bouton de la couleur correspondant à la couleur dans laquelle le texte, quel qu'il soit, est affiché. Par exemple, si l'écran indique **VERT**, il faut appuyer sur le bouton bleu.

• **Étape 3 :** souvenez-vous bien de l'étape précédente. Par exemple, si à **l'étape 2**, l'écran indiquait **VERT**, il faut appuyer cette fois sur le bouton vert.

• **Étape 4 :** encore une fois, rappelez-vous de l'étape qui précède. Par exemple, si à **l'étape 3**, l'écran indiquait **ROUGE**, il faut maintenant cliquer sur le bouton vert.

• **Étape 5 :** il est nécessaire de se souvenir, selon la couleur, du bouton utilisée à l'une des étapes précédentes.

Si vous validez les cinq étapes, vous obtenez le code de déverrouillage final : **5432**.

5432 – La bombe est enfin désamorcée, vous pouvez donc découvrir la conclusion de votre aventure...

PAPIER À BASE DE FIBRES CERTIFIÉES

LAROUSSE s'engage pour l'environnement en réduisant l'empreinte carbone de ses livres. Celle de cet exemplaire est de :
450 g éq. CO_2
Rendez-vous sur www.larousse-durable.fr

Achevé d'imprimer chez STIGE en Italie
Dépôt légal : février 2019 - 322690/01
N° projet : 11039678 - janvier 2019